Stadtführer

Brügge

mit einem Ausflug nach Damme

besuchen, bewundern und ... lieben!

*Der Hafen von Brügge im Jahre 1666
(Gemälde Hendrik van Minderhout).*

**Text: Bob Warnier, Brügge
Photos: Daniël de Kievith, Oostende**

Verlag & Design Simon Sauer

Ankunft in Brügge

Die meisten Brügge-Besucher erreichen die Stadt von Süden her. Dort befinden sich der Hauptbahnhof und der Parkplatz für Reisebusse. Neben dem Bahnhof findet man zusätzlich ein Parkhaus (1.600 Stellplätze) für die Besucher, die mit dem Auto von der Autobahn Brüssel-Ostende her über die Ausfahrt Brügge kommen. In jedem Fall ist der Besucher schon einmal in der unmittelbaren Umgebung des Minnewater (Liebessee)…

Ungeachtet unserer Ankunft im Süden der Stadt, beginnen wir mit unserem Stadtrundgang doch auf dem Markt im Zentrum. Das hat schlicht und einfach praktische Gründe. Wer in einer fremden Stadt ankommt, den zieht es schließlich automatisch ins Zentrum.

Vom Markt aus haben wir zwei Routen geplant…

Der erste Rundgang führt mehr durch das touristisch erschlossene Brügge, südlich des Marktes zwischen Zentrum und Beginenhof gelegen. Auf diesem Weg passiert der Besucher die bekanntesten Sehenswürdigkeiten der Stadt – die Dinge, die man bei einem ersten Besuch der Stadt unbedingt gesehen haben muss.

Wer es vorzieht, den Rundgang gleich nach Ankunft zu beginnen, kann im Prinzip auch den Weg des ersten Rundgangs nehmen, der dann allerdings am Minnewater und nicht am Markt beginnt. Ab diesem Punkt kann der Besucher dann ganz einfach bis zum Markt zurückblättern.

Ein zweiter Stadtrundgang führt den Besucher durch das weniger bekannte Brügge, nördlich des Marktes, zwischen dem Zentrum und den Windmühlen am Ringkanal.

Während dieses Rundganges lernt man ein ganz anderes Brügge kennen, in dem es nicht vor Touristen wimmelt oder das lediglich Besucher erkunden, die etwas mehr als eine oberflächliche Bekanntschaft mit der Stadt machen wollen…

Wie lange die Rundgänge jeweils dauern, ist eine schwierige Frage. Die Dauer hängt nämlich ausschließlich von der Einstellung der Besucher ab. Folglich kann eine Erkundungstour einige Stunden aber auch… einige Tage dauern.

Wer bei jeder Sehenswürdigkeit stehen bleibt und mehr darüber erfahren will oder wer unterwegs etwa alle Museen besucht, darf natürlich nicht daran denken, Brügge in einer Stunde zu „erledigen".

Als Faustregel kann man festhalten, dass ein paar Stunden genügen, um während des ersten Rundgangs

„In & Uit Brugge" (Concertgebouw, 't Zand)
Touristische und kulturelle Informationen. Tickets.
Internet www.brugge.be, E-Mail: info@inenuitbrugge.be
Täglich geöffnet von 10 bis 18 Uhr.

das touristische Brügge kennen zu lernen. Aber wie die Franzosen zu sagen pflegen: „L'appétit vient en mangeant" (Der Appetit kommt während des Essens). Je besser der Besucher Brügge kennen lernt, de-sto mehr wird er über diese Stadt erfahren wollen.

Für beide Besuchertypen soll dieses Stadtführer-Büchlein in jedem Fall ein verlässlicher Begleiter sein.

VERANSTALTUNGEN IN BRÜGGE

HEILIGBLUT PROZESSION

Die Heiligblutprozession findet jährlich am Himmelfahrtstag statt

GRACHTENFEST

Dieses Fest wird alle drei Jahre entlang den märchenhaft beleuchteten Grachten und auf dem Burgplatz aufgeführ

FESTZUG DES GOLDENEN BAUMES

Alle fünf Jahre, am letzten Wochenende im August

TOERISME

Brugge

„In & Uit Brugge" (Concertgebouw, 't Zand), B-8000 Brug
Touristische und kulturelle Informationen. Tickets.
www.brugge.be, · info@inenuitbrugge.be

Fragen Sie bitte nach unserem kostenlosen Veranstaltungskalender

musea@brugge.be

Dijver 12- B-8000 Brugge/ T+32/(0)50/44 87 11 F +32/(0)50/44 87 78

Schone Kunsten 15 - 21ste E: Groeningemuseum & Arentshuis

Woordkunst-poëzie: Guido Gezellemuseum

Bruggemuseum: Gruuthuse & Onthaalkerk van O.-L.-Vrouw & Belfort & Archeologie & Brugse Vrije & Stadhuis

Historische hospitalen: Memlingmuseum-St-Janshospitaal & O.-L.-V. ter Potterie
Volkskunde: Museum voor Volkskunde & Sint-Janshuismolen & Koeleweimolen

Gevarieerd programma voor alle leeftijden: www.brugge.be/musea/nl

Geschichte als Zeittafel

Römerzeit: Um 270 gab es vermutlich eine gallo-römische Siedlung.

Entstehung der Stadt

Um 650:   Irische Missionare predigen das Christentum im „municipium flandrense" (Brügge).

Erste Hälfte des 9. Jh.:   Einfall der Normannen, die über verschiedene Arme der Nordsee her in das Land eindringen. Balduin I. (mit dem Eisernen Arm) baut eine Burg zu „Bryghia" (Anlegestelle).

864-985:   Vier Kanäle stellen eine Verbindung zur tiefen Fahrrinne des Zwins her. Erste Münzen mit der Aufschrift „Bruggia"

Um 944:   Beginn des Baus der St.-Donaas-Kirche nach dem Vorbild der Pfalzkapelle des Aachener Domes.

1127:   Mord am Grafen Karl dem Guten in der St.-Donaas-Kirche.

Um 1200:   Erster internationaler Jahrmarkt in Brügge.

Blütezeit der Stadt

1280:   Brand des ersten Belfriedes und Bau eines neuen.

1297:   Anlage der (heutigen) Stadtwälle, dem „Ei" von Brügge. Die historische Innenstadt nimmt Form an.

1302:   Flämischer Freiheitskampf: Der Aufstand gegen den französischen König, Philipp den Schönen, gipfelt in den Brügger Metten (Brugse Metten) am 18. Mai und in der Schlacht der Goldenen Sporen (Guldensporenslag) am 11. Juli, dem heutigen Festtag der Flämischen Gemeinschaft.

1376:   Bau des Brügger Rathauses auf dem Platz „Burg".

14. Jh.:   Bau der Stadttore.

1384:   Hochzeit von Margareta van Male, Tochter des Grafen von Flandern, mit Philipp dem Kühnen, Herzog von Burgund. Beginn der burgundischen Epoche.

1436:   Kunstmaler Jan van Eyck vollendet für die St. Donaaskirche das Altarstück „Die Madonna mit dem Kanoniker Van der Paele".

1477:   Hochzeit der letzten Herzogin, Maria von Burgund, Tochter Karls des Kühnen, mit Kaiser Maximilian von Österreich. Beginn der habsburgischen Epoche.

1482:   Tod von Maria von Burgund. Aufstand gegen Maximilian - einhergehend mit sozialen Unruhen, die schließlich den Verfall Brügges einläuten. Versandung des Zwin.

Brügge und sein Niedergang

1559:   Brügge wird Bischofssitz.

1794:   Die Franzosen fallen in Brügge ein. Ende der österreichischen Epoche.

1800:   Abriss der St.-Donaas-Kathedrale.

19. Jh.:   Ein absoluter Tiefpunkt in Brügges Geschichte.

1815:   Nach der „Schlacht von Waterloo" endet die französische Besatzungszeit. Wiederherstellung der historischen „17 Provinzen" (Belgien und Holland). Beginn der holländischen Epoche. Eine „Englische Kolonie" lässt sich allmählich in der Stadt nieder.

1830:   Ausrufung der Unabhängigkeit Belgiens. Geburt des Dichters Guido Gezelle am 1. Mai.

1838:   Brügge erhält einen Anschluss an das Eisenbahnnetz. Bau des ersten Bahnhofs.

1887:   Die Epoche der historisierenden Romantik führt u.a. zur Errichtung des Standbildes von Jan Breydel und Pieter de Coninck auf dem Marktplatz.

1892:   Georges Rodenbach schreibt „Bruges la Morte". „(siehe S.100)"

Brügges Wiederaufstieg

1907:   Brügge erhält erneut eine Verbindung zum Meer. Zeebrugge wird Brügges Hafen.

1914-18:   Brügge ist während des Erstens Weltkrieges besetzt.

1930:   Eröffnung des Groeningemuseums.

1939:   Brügge bekommt einen neuen (den dritten) Bahnhof.

1940-44:   Besatzung Brügges während des Zweiten Weltkrieges.

1971:   Durch die Gemeindereform und die damit einhergehende Fusion mit den Vororten wird Brügge „Groß-Brügge" – eine Großstadt.

1998:   Der Brügger Beginenhof wird auf der Liste für Weltkulturerbe der Unesco eingetragen.

1999:   Der Brügger Belfried wird auf der Liste für Weltkulturerbe der Unesco eingetragen.

30. 11. 2000: Die Brügger Innenstadt wird als Ganzes auf der Liste für Weltkulturerbe der Unesco eingetragen. „Brugge intra Muros" zählt circa 10.000 Gebäude, von denen die Hälfte architektonisch oder städtebaulich wertvoll ist.

20.02.2002 Offizielle Eröffnung von „Brugge 2002". Es war das Jahr, in dem ab 20.02 Uhr die Stadt ein Jahr lang zusammen mit dem spanischen Salamanca den Titel „Kulturhauptstadt Europas" tragen durfte. Vieles in Brügge wurde restauriert und verwirklicht, so dass die Stadt für die drei bis vier Millionen Besucher pro Jahr noch attraktiver (wenn eben möglich) geworden ist.

Von den Anfängen bis heute - Die Geschichte der Stadt Brügge

Viele, die das erste Mal das alte Brügge besuchen, scheinen verwundert, wenn sie hören, dass die scheinbar alte Stadt eigentlich gar nicht so sehr alt ist. Sie hat zum Beispiel keinen römischen Ursprung wie etwa Köln, Aachen, Trier und so viele andere Orte in Deutschland. Oder London. Oder aber auch Paris. Vor 2000 Jahren war von Brügge noch gar keine Rede. Falls hier in dieser Zeit überhaupt etwas gewesen sein sollte, wäre es vermutlich nicht mehr gewesen als eine unbedeutende Siedlung entlang der Heerstraße zwischen Oudenburg und Aardenburg.

Der „Brügger Bär" war, laut einer Legende, der erste Bewohner der Gegend.

Brügges Anfänge

Die Geschichte von Brügge beginnt irgendwann im 9. Jahrhundert. Der unmittelbare Auslöser hierfür war der Einfall der Normannen. Diese ersten unerwünschten Besucher drangen mit ihren Booten tief ins Land ein, um dort mit ihren Plünderungen zu beginnen. Über Gezeitenflüsse fuhren die Normannen bis an jene Stellen, an denen sie nicht mehr weiter konnten. Sie nannten diese Stelle „Bryghia", was in ihrer Sprache Anlegestelle bedeutete.

843 wurde ein wichtiges Jahr für Europa. Durch den Vertrag von Verdun wurde das Reich Karls des Großen unter seinen Enkeln verteilt. Ludwig der Deutsche erhielt den Teil, der später ungefähr Deutschland werden sollte. Karl der Kahle erhielt ungefähr Frankreich mit Flandern und Lotharius bekam den Rest. Ein Teil der groben Einteilung Europas war damit für die Zukunft festgelegt.

In dieser Zeit schickte Karl der Kahle einen seiner Untertanen nach Flandern, das Flache Land, das durch die Einfälle der Normannen in Mitleidenschaft gezogen wurde.

Der erste Graf von Flandern, „Balduin mit dem Eisernen Arm" baute hier zur Verteidigung der flämischen Küste eine Burg. Dies geschah an der Stelle, an der einst die Wikinger an Land kamen – Bryghia. Dieser Name wurde von den ersten

Ein Gemälde von Pierre Ledoulx (1730-1807) zeigt den früheren Reichtum (und heutigen Reiz) der Stadt.

Bewohnern, die sich innerhalb der Burgmauern niederließen, übernommen. Rundherum entwickelte sich langsam eine richtige Stadt, die über Kanäle mit dem tieferen Seearmen der Nordsee, dem Zwin, verbunden war. Der Name „Bryghia" verkümmerte zu Brugge, dh. Brügge.. Brügge wuchs übrigens nicht allein zu einer Stadt, sondern… zu einem der wichtigsten Häfen und meistbesuchten Handelsplätze im

Das Wappen von Brügge mit einem braunen Bär und einem Löwen als Schildträger. Das Wappenschild selbst zeigt einen blauen Löwen auf Rot und Silber, Farben der deutschen Hanse.

Das Rathaus am Burgplatz (19. Jh.), als Brügge noch „Bruges la Morte" war, eine tote Stadt.

Norden von Europa. Brügge wurde sowohl eine Drehscheibe für den Handel zwischen Ost und West als auch für den Handel zwischen Nord und Süd. Die „Oosterlingen" oder die Kaufleute aus dem Osten, also die Kaufleute der Deutschen Hanse, spielten dabei eine große Rolle. Höhepunkt der Brügger Geschichte war zweifelsfrei das 15. Jahrhundert. Handel und Weberhandwerk hatten der Stadt zu Reichtum und Wohlstand verholfen. Durch die Filialen der großen italienischen Bankiers wie der Medici war die Stadt auch zu einem Weltfinanzzentrum geworden (man könnte sagen: das Frankfurt des Mittelalters). Als Residenzstadt der prunkliebenden Herzöge von Burgund gewann Brügge noch mehr an internationaler Ausstrahlung hinzu.

Die Allgegenwärtigkeit des Reichtums (Händler, Bankiers, Herzöge und Adel) hatte zur Folge, dass Brügge im 15. Jahrhundert obendrein als das größte kulturelle Zentrum nördlich der Alpen betrachtet werden konnte.

Durch den Reichtum angezogen, ließen sich in Brügge Künstler nieder, um dort zu arbeiten.

Unter ihnen waren die Maler der Flämischen Schule, die Flämischen Primitiven. Eine vergleichbare Kunstrichtung, übrigens mit beiderseitiger Beeinflussung, entstand in derselben Epoche mit dem Quattrocento südlich der Alpen, genauer gesagt in Florenz.

Das 15. Jahrhundert brachte aber auch eine Umkehr in der Geschichte der Stadt. Ein schmerzvoller Niedergang begann. Allgemein wird angenommen und verbreitet, dass die Versandung von Brügges Verbindung zum Meer die Hauptursache für diesen Niedergang gewesen ist. Das ist richtig, aber es muss an dieser Stelle gesagt werden, dass auch politische Schwierigkeiten (und die soziale Unruhe, die eine unmittelbare Folge davon war) mit schuld an dem Niedergang waren.

Nacheinander zogen die Handelshäuser der hier ansässigen ausländischen Kaufleute nach Antwerpen um und legten in dieser flämischen Hafenstadt den Grundstein für den Beginn des Goldenen (16.) Jahrhunderts.

Die Deutsche Hanse blieb Brügge wohlgemerkt treu und behielt dort ihre offizielle Repräsentanz in Flandern, aber die meisten „Oosterlingen" waren in der Zwischenzeit schon längst nach Antwerpen unterwegs.

Für die einst so wohlhabende Stadt brach eine schwierige Epoche an. Vier Jahrhunderte lang geschah in Brügge sehr wenig, und die Bruggelingen (Brügger) versuchten einfach nur - mehr schlecht als recht - zu überleben.

Als zum Beispiel die industrielle Revolution im 18. Jahrhundert die Welt zu verändern begann, ging diese Entwicklung an Brügge vorbei. Hier gab es nämlich kein Geld, keine Initiativen, keine Möglichkeiten, alte Gebäude abzureißen, um Fabriken zu bauen. Nichts von dem geschah, alles blieb, wie es war.

Das „Ei" von Brügge um 1700-1800. Außerhalb der Stadtmauer hat sich viel geändert aber nicht innerhalb…

Aus heutiger Sicht kann man festhalten, dass die Armut der vergangenen Jahrhunderte im Prinzip den Weg zu Brügges heutigem Reichtum geebnet hat. Viele Monumente und historische Gebäude haben auf diese Art und Weise die Zeit überlebt und haben Brügge zu dem werden lassen, was es heute ist: eine typisch mittelalterliche flämische Stadt (hier zählt wirklich jedes Wort!). Es gibt natürlich noch viel mehr Städte, die Erinnerungen an vergangene Zeiten wecken, aber wenige so wie Brügge. Hier ist die Atmosphäre von früher noch allgegenwärtig. Nicht umsonst wurde der alte Stadtkern innerhalb der Stadtwälle im Jahr 2000 von der Unesco als Weltkulturerbe anerkannt.

Brügge als touristisches Zentrum

Im 19. Jahrhundert wurde Brügge langsam aber sicher immer häufiger von Touristen aufgesucht, meistens handelte es sich um Leute, die dort auch länger blieben. Die ersten Brügge-Besucher waren Engländer, Kriegsveteranen, die nach 1815 zur „Wallfahrt" nach Waterloo unterwegs waren, um dort ihrer Familie zu zeigen, wo sie Napoleon besiegt hatten. Auf der Hin- und Rückreise kamen sie jeweils an Brügge vorbei und sahen dort eine Stadt mit einem niedrigen Lebensstandard.

Sie begriffen sehr schnell, dass ihre Rente dort auf einmal viel mehr erschien als im teuren England. Mit ihrem Englischen Pfund in der Tasche konnten sie hier auf größerem

Fuß leben, weil die Kaufkraft höher war. Folge: Sie blieben.

In der Mitte des 19. Jahrhunderts war die britische Kolonie in Brügge schon auf einige tausend Personen angewachsen. Diese englischen Bruggelingen haben hier beinahe ein Jahrhundert lang für eine bessere Stimmung gesorgt, insbesondere im kulturellen Bereich. Ihnen wird die Ehre zu Teil, Brügge entdeckt bau der touristischen Infrastruktur in Brügge führte, war die Veröffentlichung eines Romans von Georges Rodenbach – „Bruges la Morte". Dieses Werk war in der zweiten Hälfte des 19. Jahrhunderts enorm erfolgreich und wurde dementsprechend in fast alle europäischen Sprachen übersetzt. Aber die Menschen, die diesen symbolischen Roman gelesen hatten, wollten im

Blick auf das Minnewater und den Pulverturm, Mitte des 18. Jh. Links, hinter den Baumreihen, befindet sich heute der Parkplatz für Reisebusse.

und schätzen gelernt zu haben. Sie haben die Einzigartigkeit der Kunst der Flämischen Primitiven erkannt und deren Werk genau begutachtet. Eines der ersten Stadtführer-Büchlein über Brügge wurde sogar von einem dieser Engländer geschrieben. Die Briten sollten hier bis zum Ausbruch des ersten Weltkrieges bleiben…

Ein anderer Grund, der zum Aus- Nachhinein mit eigenen Augen sehen, wie so eine verarmte Stadt einen derartig negativen Einfluss auf ihre Bewohner haben konnte. Zehntausende bereisten daraufhin Brügge. So etwas nennt man wohl Katastrophentourismus… Die zahlreichen Besucher sorgten mit der Zeit dafür, dass die Stadt langsam aber sicher viel lebendiger zu sein schien…

Schließlich kam der zweite König der Belgier ins Spiel – Leopold II. von Sachsen-Coburg. Um 1900 machte er sich für einen Hafen

Nicht umsonst sollte diese hervorragend erhaltene Stadt später, in den dreißiger Jahren, die beeindruckende Kulisse für zahlreiche (politische)

Der Burgplatz, wie ihn der Maler Jan-Baptist van Meuninxhove im Jahr 1672 sah. Links steht noch die St-Donaaskathedrale, und im Hintergrund muss der Gerichtshof noch gebaut werden.

an der belgischen Küste stark und ebnete so den Weg für den Hafen des heutigen Zeebrugge. Im gleichen Atemzug äußerte er auch den Wunsch, dass das alte Brügge sich dahingehend entwickeln sollte, wofür Nürnberg in Deutschland stand und steht. Nürnberg war das große Vorbild aller mittelalterlichen Städte.

Großkundgebungen sein.

In Brügge folgte man prompt dem Wunsch Seiner Majestät und rief ein Brügge-Nürnberg-Komitee ins Leben. Dieses war ein sehr früher Vorläufer des heutigen Fremdenverkehrsamtes, der Denkmalschutzbehörde und dem Festkomitee in einem. Die Zukunft hatte begonnen.

Brügge und der Krieg

Wie es leider für so viele Städte in Europa der Fall war, hätte der zweite Weltkrieg auch für Brügge schief gehen können. Was ist in dieser Zeit nicht alles unwiederbringlich vernichtet worden!?

Brügge hat Glück gehabt… oder es hatte während des Krieges mehrere, der Stadt gut gesinnte Schutzengel (deutsche wohlgemerkt). Ein erstes Mal blieb Brügge um Haaresbreite verschont, als entlang des Kanals Zeebrugge-Brügge-Gent-Terneuzen eine erste Verteidigungslinie geplant wurde, um die Alliierten Truppen nach ihrer Landung aufhalten zu können. Brügge sollte das Rückgrat dieser Verteidigungslinie bilden, und alles wurde dafür in Stellung gebracht. Alle Brücken, die die Kanäle rund um Brügge überspannten, wurden gesprengt.

Der deutsche Kriegskommandant erkannte glücklicherweise die Sinnlosigkeit einer blutigen „Schlacht um Brügge". Er bestellte den damaligen Bürgermeister zu sich ein. Er erklärte ihm, die Stadt verteidigen zu müssen, aber er fügte hinzu: „Sollten die Alliierten irgendwo unsere Verteidigungslinie durchbrechen, besteht die Gefahr, umzingelt zu werden. In diesem Fall ziehen wir uns unmittelbar zurück…"

Er warnte den Bürgermeister, weil er schnell begriffen hatte, dass, was er ihm erzählte, unmittelbar an die Alliierten hätte weitergeleitet werden können, so dass diese daraus Schlüsse hätten ziehen können.

In der Tat, die Angreifer brachen sechs Kilometer südlich von Brügge in Moerbrugge durch die Frontlinie und besetzten dort einen Brückenkopf. Als das geschehen war, zog sich die Deutsche Wehrmacht zurück, und Brügge blieb verschont. Eine Schlacht um Brügge wurde somit vermieden!

Eine zweite, beinahe wundersame Rettung Brügges ereignete sich nach der Befreiung. Die Wehrmacht hielt die Mündung der Schelde besetzt, um zu vermeiden, dass die Alliierten Antwerpen als Nachschubhafen nutzen konnten. An der Küste in Cadzand, direkt an der Grenze zu den Niederlanden, stand eine Batterie schwerer Kanonen aufgestellt, und der Befehlshaber erhielt von höchster Stelle den Befehl, Brügge in Schutt und Asche zu legen.

Das konnte er ohne Mühe erledigen, denn Brügge lag nur 18 Kilometer entfernt, und die Kanonen hatten eine Reichweite von gut 25 Kilometern. Der Offizier, Kommandant Hopman, weigerte sich, diesem Befehl Folge zu leisten. „Das können wir doch nicht tun. Das ist Wahnsinn! Brügge ist in einem weiten Umkreis die schönste Stadt", forderte er die Befehlshaber zum Einlenken auf. „Brügge hat für uns die geringste militärische Bedeutung." Seine Vorgesetzten mussten ihm Recht geben, aber es war dennoch nicht selbstverständlich, dass ein deutscher Offizier es wagte, einen direkten Befehl zu verweigern. Das war sehr mutig, besonders in der letzten Phase der kriegerischen Handlungen. Man kann von Glück reden, dass ein Befehlshabender Brügge kannte und die Stadt lieb gewonnen hatte. Brügge bleibt Immo Hopman ewig dankbar.

Brügge heute …

Was auch geschehen mag, die Geschichte von Brügge (mitsamt der jüngsten Ereignisse) hat die Stadt zu dem gemacht, was sie heute ist: eine Perle der Architektur, eine Stadt, die dem Mensch auf den Leib geschnitten ist. Vor allem aber ist es eine Stadt, in der es sich gut leben lässt, in der jeder Besucher sich zu Hause fühlt.

Kein Wunder, dass die Stadt sich in den vergangenen Jahrzehnten zum bestbekannten belgischen Touristenzentrum hochgearbeitet hat. Drei bis vier Millionen Besucher pro Jahr sind schon eine Zahl, die erst einmal erarbeitet werden will! Brügge kann man eigentlich als ein großes Freilichtmuseum betrachten, aber es bietet noch mehr…

Es ist darüber hinaus eine Stadt, die lebt. Eine Stadt mit ungefähr 115.000 Bruggelingen – so heißen die Einwohner von Brügge. Circa 25.000 von ihnen wohnen im historischen Stadtkern. Brügge ist auch eine Stadt,

in der Industrie angesiedelt ist, obwohl man davon im Zentrum relativ wenig merkt. Zudem verfügt Brügge noch über den Hafen von Zeebrugge mit allem, was dazugehört.

Am Rand der Innenstadt (neben dem Reisebusparkplatz und unweit des Hauptbahnhofes) ist noch eine ziemlich große Fabrik angesiedelt, die sogar ihre Ursprünge in der Stadt selbst hatte. Die ehemalige „Brugeoise" wurde 1990 Teil des kanadischen Schienenfahrzeug-Giganten Bombardier. In den vergangenen Jahren lieferte das Brügger Werk Straßenbahnen für Amsterdam, Saarbrücken, Caen und andere Städte. Auch die „Züge unter dem Kanal" zwischen Calais und Folkestone – der Eurostar – sind „Made in Bruges", ebenso wie die Science-Fiction-U-Bahn der Londoner Docklands usw.

Aber dies nur kurz am Rande, denn schließlich ist man dafür ja nicht nach Brügge gekommen…

In jedem Falle möge dieses Büchlein dazu beitragen, den Verbleib in Brügge noch angenehmer gestalten zu können.

Bob Warnier
Stadtführer des Gidsenkring

Der Marktplatz von Brügge, Treffpunkt der „Bruggelingen" (so werden die Einwohner der Stadt genannt) und der zahllosen Besucher.

Rundgang 1: Das ruhmreiche Brügge

Markt

Vom Stadtrand aus führen die wichtigsten Straßen ins Herzen der Stadt, ähnlich wie die Fäden in die Mitte eines Spinnennetzes. Das Brügger **Forum** hat ungefähr die Form eines Vierecks, mit Längsseiten von jeweils 100 Metern. Die Grundfläche beträgt demnach ungefähr einen

Vor dem Belfried, dem Wahrzeichen Brügges, können Blinde den Turm „fühlen".

Hektar. Hier fanden in der Vergangenheit Turnierspiele und große Feierlichkeiten statt sowie auch Hinrichtungen.

Gegenwärtig ist dieser Platz ein Treffpunkt für Bruggelingen und für die drei bis vier Millionen Touristen pro Jahr gleichermaßen. Das am meisten ins Auge fallende Gebäude ist zweifelsfrei der **Brügger Belfried** ① .

Ein Belfried ist typisch für flämische Städte aus dem Mittelalter. Es ist keine Kirche und kein Rathaus, sondern ein Symbol für Freiheit und Reichtum. Mittlerweile ist der Belfried zu einem Wahrzeichen der Stadt geworden wie der Schiefe Turm zu Pisa, der Pariser Eiffelturm oder der Dom zu Köln. Am Fuße des Belfrieds steht ein bronzenes Abbild des Gebäudes, das Blinden Gelegenheit gibt, zu fühlen, wie er aussieht. Daneben steht ein in vier Sprachen geschriebener Text in Braille-Schrift. Zudem wurde auch an einen Stadtplan mit Straßennamen in Blindenschrift gedacht.

Der unterste Teil des Brügger Belfriedes (bis zu den stumpfen Ecktürmen) stammt aus dem 13. Jahrhundert. Ein zweiter Teil (bis zu den spitzen Ecktürmen) wurde im 14. Jahrhundert darüber errichtet. Der oktogonale Oberbau, der das Glockenspiel aufnimmt, bekrönt seit

---

Information

*Der Turm kann über eine Wendeltreppe bestiegen werden. Es gibt keinen Fahrstuhl. Der Eingang zum Turm befindet sich unmittelbar darunter. **Öffnungszeiten**: 9.30 bis 17 Uhr.*
Das letzte Ticket wird spätestens eine Stunde vor der Schließung ausgestellt.

dem 15. Jahrhundert den Belfried. Der Turm ist 83 Meter hoch und kann bis zur Glockenstube des Glockenspiels bestiegen werden. Der Aufstieg erfolgt über eine Wendeltreppe mit 366 Stufen. Auf

Der Belfried (13.-15. Jh.) dominiert den Brügger Marktplatz. Ein Belfried war das Symbol von Freiheit und Reichtum flämischer Städte im Mittelalter.

Vom Turm des Belfrieds genießt man einen fabelhaften Ausblick über die Altstadt und die Kanäle.

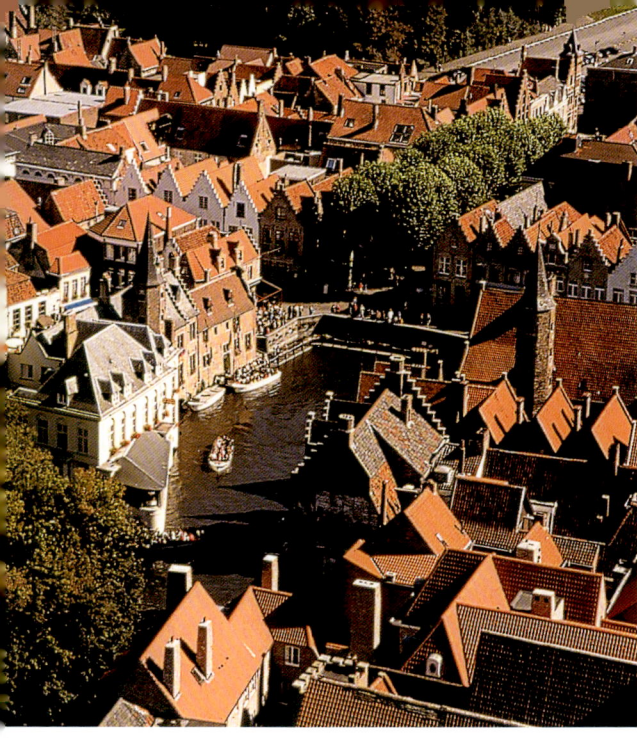

der obersten Aussichtsplattform wird der Besucher für seine Mühe mit einem atemberaubenden Panorama über die alte Stadt belohnt. Bei schönem Wetter kann man bis zur Küste blicken, ungefähr zwölf

Anstelle der „Wasserhalle“ des 13. Jh. (ein überdeckter Hafen im Mittelalter) wurde um 1900 das neugotische Provinzialratsgebäude errichtet.

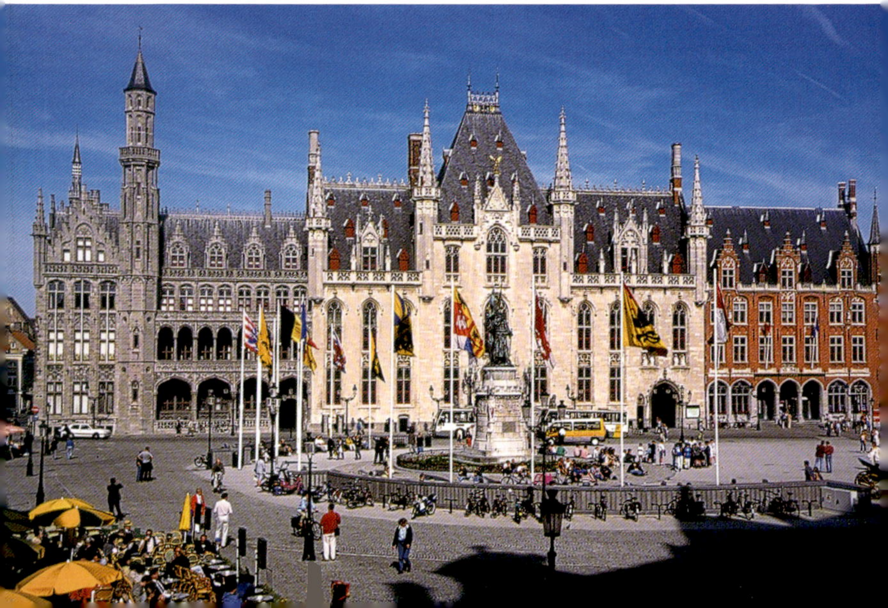

Kilometer weiter.

Es spricht für sich, dass die Glocken besonders gut zu hören sind, wenn man direkt neben ihnen steht!

Das Brügger Glockenspiel (Beiaard oder Carillon genannt) besteht aus 47 Bronzeglocken, die zusammen 27.000 kg wiegen. Das Glockenspiel gibt die Uhrzeit an. Jede Viertelstunde wird eine andere Melodie gespielt. Wer die Treppe nach oben steigt, sieht kurz vor Erreichen der Glockenstube den Maschinenraum der Riesen-Spieluhr, deren kupferne Trommel 9.000 kg auf die Waage bringt. Das automatische Glockenspiel wird in der Zeit zwischen 21 und 7 Uhr abgeschaltet, um die Nachtruhe nicht zu stören.

Im mittleren Teil des Turmes, auf Höhe der 220. Stufe befindet sich

Ein kupferner Zylinder von 9.000 kg lässt das Glockenspiel von Brügge erklingen.

die Siegesglocke, die 5.200 kg schwer ist. Sie läutet nur zu feierlichen Anlässen, zum Beispiel an Nationalfeiertagen oder während der Heilig-Blut-Prozession oder … wenn der FC Brügge belgischer Fußballmeister geworden ist!

Jan Breydel und Pieter de Coninck waren zwei Freiheitshelden im Kampf gegen Frankreich Anfang des 14. Jh.

Ein Gemälde von Jan-Baptist Van Meuninx-hove (Brügge 1638-1704) zeigt den Markt, wie er in der zweiten Hälfte des 17. Jahrhunderts aussah. Der Turm des Belfrieds hatte noch eine Spitze, die erst im Jahre 1741 abbrannte. An der linken Seite des Platzes stand die „Waterhalle" oder „Lakenhalle", die 1786 abgerissen wurde. Vor der Fassade dieses überdachten Hafens stehen Miesmuschelhändler. Dort wurde früher der Fischmarkt abgehalten.

Praktisch die ganze linke Seite des Marktes (wenn man auf den Belfried blickt) wird vom **Provinzialratsgebäude** ② (Provinciaal Paleis) eingenommen. Dieses neo-gotische Gebäude ist die Amtswohnung des Gouverneurs der Provinz West-Flandern. Ein Gouverneur ist der ständige Vertreter des Königs in jeder Provinz.

Das Gebäude wurde gegen Ende des 19. Jahrhunderts errichtet und hat vor

allem eine offizielle und repräsentative Aufgabe. Sehr häufig finden hier auch Ausstellungen statt. Wenn dies der Fall ist, gehen Sie am besten hinein, denn die Ansicht des Inneren ist die Mühe wert.

Zwei Freiheitshelden, **Jan Breydel und Pieter de Coninck** ③ , spielten eine wichtige Rolle im Aufstand gegen Frankreich im Jahre 1302. Jan Breydel war Vorsteher der Fleischer und Pieter de Conick Vorsteher der

Nordseite des Marktplatzes mit gemütlichen Terrassen.

Weber. So war es wenigstens im historischen Roman **„Der Löwe von Flandern"** von Hendrik Conscience. In Wirklichkeit ist allein die Rolle von Pieter de Coninck klar umrissen. Aus romantechnischen Gründen wurde die Person Jan Breydels kurzerhands an die von Pieter de Coninck gekoppelt (Ein Duo des starken Jan und des schlauen Piet bringt es eben immer, in der Literatur genauso wie in den Drehbüchern so manch eines Films!).

Das **Standbild** wurde 1887 zu der Zeit aufgestellt, als beinahe in ganz Europa die historisierende Romantik, mit der Rückkehr in die ruhmreiche Vergangenheit, ihren Höhepunkt hatte (Denken Sie nur an die Romane von Sir Walter Scott und Victor Hugo).

Eigentlich könnte man über jedes der anderen Gebäude auf dem Markt interessante Dinge erzählen, aber wir wollen uns hier auf zwei beschränken. Rechts (wenn man auf den Belfried blickt) steht das **Haus Cranenburg**, ungefähr mittig an der Ecke. Hier wurde im Jahre 1488 der österreichische Kaiser Maximilian gefangen genommen (Damals war es natürlich noch kein Café!). Aus einem der Fenster musste er mit ansehen, wie man einige seiner treuen Gefolgsleute öffentlich hinrichtete.

Einer von ihnen war Pieter Lanckhals (langer Hals), der sein Wappen mit dem Schwan bei sich trug. Viel später sollte der erniedrigte Maximilian das aufständische Brügge strafen, unter anderem auf symbolische Weise. Er verpflichtete die Stadtverwaltung, bis in alle Ewigkeit auf den Brügger Kanälen Schwäne zu halten. So sollten die Bruggelingen den Mord an Pieter Lanckhals niemals vergessen.

Linker Hand von Haus Cranenburg, auf der gegenüberliegenden Ecke der Straße, erhebt sich die beeindruckende Backsteinfassade des **Hauses Bouchoutte,** das aus dem 15. Jahrhundert stammt. Es ist das älteste Wohnhaus auf dem Platz.

Die „Garre" ist eine der typischen mittelalterlichen Brandgassen.

Breidelstraat ④

Entlang der Breidelstraat, die links vom Belfried zur Burg führt, sieht man auf halbem Wege rechts ein sehr schmales Gässchen, die **Garre**. Es handelt sich hierbei um eine so ge-

Westseite des Marktplatzes. Links eine sehr gelungene Restaurierung des Hauses „Cranenburg", wo im Jahre 1488 Kaiser Maximilian gefangen gehalten wurde.

nannte Brandstraße, von denen es in Brügge noch viele gibt. Es ist nicht mehr als ein schmaler Gang zwischen den Häusern, der zu den Grachten führt. Über die Brandstraßen konnte im Mittelalter das Löschwasser zu den Häusern gebracht werden. Die „Garre" reicht allerdings nicht mehr direkt bis ans Wasser. Am Kopfende befindet sich nun ein Café (hier bekämpft man folglich nicht mehr das Feuer, sondern den Durst!).

Einige Häuser weiter links von der Brandstraße befindet sich das Schaufenster eines Juweliers. Wer sich für Diamanten interessiert und nachher noch vorhat, das Brügger Diamantenmuseum zu besuchen, sollte hier zur Einstimmung stehen bleiben. Dazu sollten wir eben die Verbindung zwischen Kopfsteinpflaster und Diamanten herstellen.

Die Burg

In unmittelbarer Nähe zum Markt befindet sich der **Burgplatz**, an dessen Stelle eigentlich die Geschichte Brügges begann. Hier stand einst die erste gräfliche Burg, die zur Verteidigung der flämischen Küste gegen die Einfälle der Normannen errichtet wurde. Rund um diesen militärischen Kern wuchs in den darauf folgenden Jahrhunderten eine Weltstadt. Wenn der Markt so zu sagen das Herzen der Stadt ist, dann ist die Burg so zu sagen die Wiege von Brügge. Hier schlug das verwaltungstechnische, das gerichtliche und das religiöse Herz der Stadt. Aber dieser Platz eröffnet gegenwärtig auch einen Blick auf 1000 Jahre Architekturgeschichte. Dort, wo jetzt die Bäume stehen, er-

In der Welt der Diamanten ist die höchste Auszeichnung der „De Beers Diamond Award", der ungefähr mit dem Oscar der Filmwelt vergleichbar ist. Diese Auszeichnung wird alle zwei Jahre an den Juwelier verliehen, der den schönsten mit Diamanten besetzten Schmuck entwirft. Im Jahr 2000 traten 2.500 Juweliere aus 40 Nationen gegeneinander an. In diesem Jahr gewann der Entwurf des Bruggeling Peter Quijo! Er hatte sich für seinen originellen Entwurf eines von Diamanten besetzten Armbandes vom Brügger Kopfsteinpflaster inspirieren lassen. Eine Abbildung seines Entwurfes ist in dem Schaufenster zu sehen. Brügge, einst das allererste Diamantenzentrum, lange noch vor Antwerpen, hat in der Diamantenwelt also immer noch Bedeutung. Dies wird später im Diamantenmuseum deutlich.

Der Burgplatz: Links die Alte Kanzlei, rechts das Rathaus. Die Fassade des Rathauses zeigt eine Galerie von Helden, Grafen, Herzögen usw. aus der Geschichte Brügges und Flanderns.

hob sich früher die Sankt-Donaas-Kathedrale. Ursprünglich war dies ein karolingischer Bau, eine Kopie der Pfalzkapelle des Aachener Domes. Diese Kirche wurde unter der französischen Herrschaft im Jahre 1800 oder im Jahre 11 einer neuen Zeitrechnung (die seit der Französischen Revolution) abgerissen.

Eingang der Basilika des Heiligen Blutes: links zur romanischen Unterkirche (12. Jh.) und rechts die Treppe zur oberen Basilika (15. Jh. und neugotisch restauriert im 19. Jh.).

Das Einzige, was noch an diesen Sakralbau erinnert, sind die Grundrisse der späteren romanischen Kirche, die im Untergeschoss des benachbarten Holiday Inn Crowne Hotels zu sehen sind. Die Grundmauern können ko-

---

*Für den **Zugang zum Museum** neben der oberen Basilika muss Eintritt gezahlt werden. Geöffnet 1.4.-30.9. von 9.30 - 12 und 14 - 18 Uhr. 1. 10. - 31.3. von 10-12 und 14 - 16 Uhr. Ruhetag: Mittwochnachmittag. Verehrung der Reliquie jeden Freitag in der Basilika: 10 - 12 Uhr und 14.15- 16 Uhr. Dort kann unter anderem der **Goldene Reliquienschrein** des Juweliers Jan Crabbe aus den Jahren 1614-17 bewundert werden. Dieser Schrein wird in der jährlichen Prozession mit durch die Straßen von Brügge getragen.*

stenlos besucht werden – allerdings unter der Bedingung, dass im Hotel zu diesem Zeitpunkt keine Veranstaltungen stattfinden, denn der Raum mit den Resten der Kirche wurde komplett in den Hotelkomplex integriert. Dort finden regelmäßig Bankette, Seminare und Kongresse statt. Also, bitte kurz an der Rezeption anfragen.

Gegenüber der Baumgruppe, in der Südwestecke des Platzes, steht die **Basilika des Heiligen Blutes** ⑤. Die romanische Unterkirche stammt aus dem 12. Jahrhundert und stellt das älteste Gebäude von Brügge dar.

Kleiner Reliquienschrein (1611)

Großer Reliquienschrein (1617)

Feierliche Gottesdienste in der oberen Kapelle der Basilika des Heiligen Blutes.

In der oberen Kapelle, die im 19. Jahrhundert neogotisch umgebaut wurde, wird die Reliquie des Heiligen Blutes aufbewahrt und dort jeden Freitag verehrt. Einer Legende zufolge, bekam Graf Diederik aus

Ein Besuch des gotischen Saales ist eine Empfehlung!
Öffnungszeiten: 9.30 bis 17 Uhr. Im Falle offizieller Anlässe geschlossen. Im Eintritt ist der Preis für eine Führung per Audioguide enthalten. Die Eintrittskarte ermöglicht gleichzeitig den Zugang zum Museum der „Oude Griffie" (9.30 bis 12.30 und 13.30 bis 17 Uhr) neben dem Rathaus.

Der prachtvolle „Gotische Saal" des Rathauses wird noch immer für Sitzungen des Stadtrates sowie bei offiziellen Empfängen benutzt.

dem Elsass nach seinen Kreuzzügen einige Tropfen des Heiligen Blutes Jesu Christi mit auf den Weg nach Flandern. Jedes Jahr findet zu Ehren des Heiligen Blutes in Brügge die Heilig-Blut-Prozession statt.

Das **Brügger Rathaus** ⑥, links neben der Basilika, zeigt eine schöne Fassade aus dem 14. Jahrhundert.

Den Grundstein für das gotische Rathaus von Brügge legte Graf Lodewijk van Male im Jahr 1376. In der Fassade stehen Abbildungen mit allerhand biblischen Gestalten sowie Figuren aus der Geschichte Flanderns.

In der ersten Etage des Rathauses kann der gotische Saal besucht

Die „Oude Griffie" (Alte Kanzlei) wurde im Jahr 2001 prachtvoll in den Originalfarben des 16. Jh. restauriert. Hier ist die Fassade der Rückseite mit „König Salomon" an der Spitze zu sehen.

werden. Die hölzernen Hängegewölbe stammen noch aus dem 14. Jahrhundert. Die neogotischen Wandgemälde sind aus der Zeit der historisierenden Romantik, also aus dem Ende des 19. Jahrhunderts. Sie verleihen dem Saal ein ehrwürdiges und festliches Aussehen.

Der „Kamin des Brügger Freiamtes (1526-1529), Ehrenbezeichnung für den Fürsten, Kaiser Karl V.

Die **Oude Griffie** ⑦ steht links vom Rathaus. Die Renaissance-Fassade stammt aus der ersten Hälfte des 16. Jahrhunderts. Über dem Giebel wacht das vergoldete Bild der Justitia, denn bis in die 80er Jahre diente dieses Gebäude noch als Gerichtsgebäude. Im Jahre 2001 wurde die Fassade in ihrem alten, farbenfro-

zösischen König in der Schlacht von Pavia 1525 verwirklicht.

Die **Propstei** ⑧ an der Ecke zur Breidelstraat wurde im 17. Jahrhundert gebaut, als der Barockstil dominierte. Einst war dieses Gebäude die Residenz der Pröpste der zerstörten St.-Donaas-Kirche und auch die der Kanzler von Flandern. Sie

Der Burgplatz spiegelt die Geschichte der Architektur wider. Die Propstei des 17. Jh. vertritt dabei das Barock.

hen Glanz wiederhergestellt. Diese sensationelle Restaurierung wurde mit dem Flämischen Monumentenpreis honoriert (der Gedenkstein hieran ist unter dem Durchgang zum Fischmarkt an der Seitenmauer des Hauses zu sehen, siehe S. 127).

In diesem Gebäude ist der monumentale **Kamin der Brügger Freien** (Het Brugse Vrije) zu sehen. Der Entwurf stammt von Lanceloot Blondeel. Dieses Kunstwerk, das in Eichenholz, Alabaster und Marmor gehalten ist, wurde zum Gedenken an den Sieg Karls V. über den fran-

standen der gräflichen Verwaltung voran. Als Brügge 1559 Bischofssitz wurde, wurde die Propstei, die ja direkt neben der Kathedrale lag, zur Residenz des Bischofs.

Links neben der Oude Griffie steht ein klassizistisches Gebäude, der **Gerichtshof**. Eigentlich müsste es „Alter Gerichtshof" heißen, denn die Justizbehörden wurden in den 80er Jahren in der Nähe des Kreuztores in einem modernen Gebäudekomplex am Rand der Stadt untergebracht. Der Gerichtshof wurde um 1990 von den städtischen Ämtern bezogen.

Als Symbol von „Brügge 2002" wurde gegenüber dem Rathaus von dem japanischen Architekten Toyo Ito ein moderner Pavillon errichtet. Ein Blick durch die Wabenmuster der Wände soll angeblich neue Blicke auf die historischen Gebäude eröffnen.

So sieht man einmal: Auf dem Burgplatz ist jede architektonische Richtung vertreten. Der Tea-Room aus dem Jahre 1912 – an der Ecke zur Breidelstraat – ist in Neugotik gehalten, einer späten Stilrichtung. Moderne Architektur, wie sie die Fassade der Einkaufspassage „Ter Steeghere" repräsentiert, zeigt, wie dieser Baustil harmonisch in einen historischen Stadtkern eingepasst werden kann. Es ist keine aggressive Architektur – stört nicht und schreit nicht zum Himmel. Sie ist harmonisch, so wie es sich gehört.

Grachten (Reien)

Die Blinde Ezelstraat, die ihren Namen einer früheren Herberge verdankt, führt neben dem Rathaus vorbei direkt zu den Brügger Grachten, den Reien. Hier befanden sich die ersten Stadtwälle. Anbei kurz angemerkt: Die Brügger Kanäle werden Reie genannt. Namensgeber ist der damals im Zwin mündende Strom Roya. Dieser Strom wurde einst um die erste Festung geleitet, später um die Stadt. Folglich heißen die Verästelungen des ehemaligen Roya Reie.

Der Fisch-markt ist fast jeden Mor-gen ein far-biges (und duftiges) Spektakel.

Wer mag, kann eben den Steen-houwersdijk am Wasser entlang spazieren. Die Verlängerung davon, die malerische **Groenerei** ⑨, gibt einen schönen Blick auf die alten Brücken und auf den Belfried im Hintergrund frei. An der Groenerei befindet sich das Gotteshaus (eine Art mittelalterliches Seniorenheim) De Pelikaan, das aus dem Jahre 1714 stammt.

Das Gebäude mit der Säulengalerie in klassizistischem oder napoleonischem Stil ist der **Fischmarkt** ⑩. Baumeister war der Brügger Jan-Robert Calloigne, der im Jahr

Die „Groenerei" (Grüner Gracht) ist einer der malerischsten Wege entlang der Grachten, wo die Zeit wirklich still zu stehen scheint.

Der „Huidenvetters-plaats" (Gerberplatz) lockt mit sonnigen Terrassen und toller Atmosphäre.

1820 die Pläne für dieses einzige Bauwerk aus der Holländischen Epoche (1815-1830) anfertigte. Der Fischmarkt wird noch jeden Vormittag, außer sonn- und montags von Fischhändlern beschickt.

Auf Höhe des Fischmarktes am Wasser steht eine Säule mit einer Büste von Frank Van Acker, der von 1976 bis 1992 Bürgermeister der Stadt war. Dieser Mann mit einer außergewöhnlichen Vision legte den Grundstein für die neue Blütezeit Brügges, die nun überall sichtbar ist. Viele Brügger trauern noch immer um diesen viel zu früh verstorbenen Mitbürger.

Rechts von der Blinde-Ezelbrug befindet sich ein vollkommen umbauter Platz – der **Huidenvettersplein** (Huidenvetter bedeutet wörtlich

Hautfetter, also Gerber). Auf diesem Platz, der früher wegen der Geruchsbelästigung gerade außerhalb der Stadt lag, arbeiteten um 1300 herum diese Handwerker, um Leder und Felle zu veredeln. Oben auf der Säule, in der Mitte des Platzes, prunkt das Wappenschild der Huidenvetters-Zunft. Das Zunfthaus gegenüber stammt aus dem 17. Jahrhundert.

Am Rozenhoedkaai kann man den Malern über die Schulter schauen.

Am Abend ist der Blick vom „Rozenhoedkaai" auf den Belfried noch märchenhafter und romantischer.

Atemberaubender Ausblick am „Rozenhoedkaai" : Ganz links der 122 m

Lederbearbeitung war eine Tätigkeit, die durstig machte. Die Huidenvetters hatten logischerweise auch eine eigene Herberge. Diese hieß – sehr zutreffend – „De Koe" (also: die Kuh). Die Herberge wurde inzwischen durch das Restaurant Duc de Bourgogne ersetzt, aber das Namensschild prunkt noch immer oberhalb des Eingangs.

Mit seinen zwei Treppengiebeln sieht das Gebäude sehr alt und fotogen aus, obwohl es erst nach dem Zweiten Weltkrieg als Rekonstruktion nach einem Gemälde aus dem 16. Jahrhundert, das diesen Platz zeigt, gebaut wurde.

hohe Turm der Liebfrauenkirche, rechts der 83 m hohe Belfried.

Wenn wir über den Platz gehen, kommen wir durch die Nische an der gegenüberliegenden Seite zum **Rozenhoedkaai** ⑪, der seinen Namen dem Verkauf von Rosenkränzen während des Mittelalters zu verdanken hat. Von diesem Platz aus wird dem Besucher ein atemberaubendes Panorama auf die Reie, die Hintersei-te der Heilig-Blut-Basilika und das Rathaus sowie auf den majestätischen Brügger Belfried geboten.

Dies ist zweifelsfrei Brügges bekannteste Stadtansicht! Diese wurde über viele Jahre hinweg zu Werbezwecken von Sabena verwendet und als Poster in der ganzen Welt verbreitet.

Nepomukbrücke ⑫

Die Brücke zur Linken ist die Nepomukbrücke. Diese Bauwerke waren einst sehr beliebte Orte, um Handel zu treiben, weil dort jeder hinübergehen musste (manchmal blieb diese Tradition erhalten: Denken Sie an die berühmte Ponte Vecchio in Florenz). Die Händler auf der Brücke verehrten dabei einen Schutzpatron, einen so genannten Brückenheiligen. Auf dieser Brücke war es Johannes Nepomuk. In Prag war dieser Priester einst der Beichtvater der Königin, und als der König sich neugierig nach den vertraulichen Mitteilungen seiner Ehefrau erkundigte, verbat es der Priester sich, das Beichtgeheimnis zu brechen. Der König nahm ihm dies sehr übel und ließ ihn in der Moldau ertränken.

An der gegenüberliegenden Seite der Brücke erhebt sich ein großzügiges Patrizierwohnhaus aus dem 15. Jahrhundert, das **Haus Perez de Maluenda.** Dieser spanische Edelmann, der es selbst bis zum Bürgermeister von Brügge brachte, wohnte hier bis zum Ende des 16. Jahrhunderts. Die Fassade seines Wohnhauses zur Wollestraat hin wurde nicht aus Back- sondern aus Naturstein errichtet. Das verursachte für den Bauherren natürlich erhebliche Mehrkosten, denn Naturstein musste von weit her importiert werden. Aber auf diese Art und Weise konnten die Reichen zeigen, dass sie auch wirklich reich waren – steinreich.

Im großen gotischen Haus des 15. Jh. wohnte um 1578 ein spanischer Edelmann, Don Perez de Maluenda. Dort wurde während des Krieges Spanien-Niederlande die Reliquie des Heiligen Blutes versteckt.

Dyver

Etwas weiter, gegenüber der dreifachen Baumreihe, erstreckt sich beinahe über die gesamte Häuserfront das **Brügger Europa College**. Dort sind Verwaltung, Seminarräume und eine Bibliothek untergebracht. Die Europa einen sehr guten Ruf erworben! Viele einflussreiche Persönlichkeiten in Brüssel, Luxemburg oder Straßburg haben in Brügge studiert. Schließlich wurde 1992, nach dem Zusammenbruch des kommunistischen Ostblocks, ein zweiter Campus im polnischen

![Bootsfahrt auf den Grachten in Brügge]

Fünf Anlegestellen bieten jedes Jahr ca. einer Million Besucher eine großartige Bootsfahrt auf den Grachten.

Studenten wohnen allerdings nicht dort. Brügge ist in der Tat eine Universitätsstadt, schließlich hat die Stadt ein postakademisches Institut innerhalb ihrer Stadtmauern.

Das „Europa College" hat sich in Natolin in der Nähe von Warschau untergebracht.

Ein monumentales Zugangstor rechts vom Europa College führt ins **Groeninge Museum** ⑬, das auch unter dem Namen „Städtisches Mu-

*Für jeden Besucher stehen im **Groeninge Museum** Kopfhörer mit einem Audioguide zur Verfügung. Die Eintrittskarte des Groeninge Museums gilt auch für das benachbarte **Arentshuis (Brangwynmuseum**). Für den Besuch dieses Museums kann man auch ein separates Ticket erwerben. **Öffnungszeiten für beide Museen**: 9.30 bis 17 Uhr. Montags geschlossen.*

Von 1434 bis 1436 arbeitete Jan van Eyck an seinem Meisterwerk, dem Highlight des Museums: „Die Madonna mit dem Kanoniker van der Paele".

Jan van Eyewerve und seine Ehefrau Jacquemine Buyck, gemalt von Pieter Pourbus.

Margaretha van Eyck, Frau von Jan van Eyck.

Christusfigur, aus der Schule Jan van Eyck.

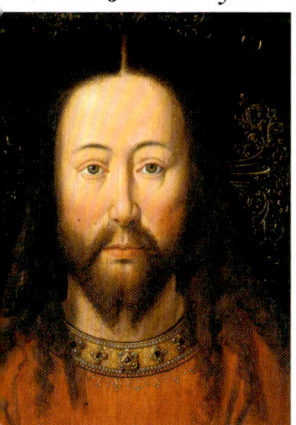

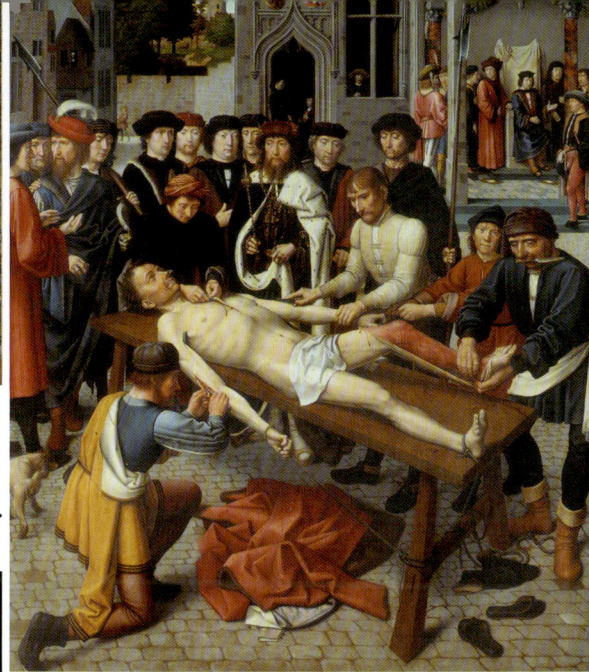

Gerard Davids grausames Gemälde „Das Urteil von Gambyses" zeigt den Übergang der Flämischen Primitiven zur Renaissance.

Groeningemuseum

Diese und noch mehrere imponierende, unvergessliche Kunstwerke kann man im Groeningemuseum bewundern.

seum für Schöne Künste" bekannt ist. Es wurde zwischen 1929 und 1930 auf dem Grundstück eines ehemaligen Augustinerklosters, der Eeckhoutabtei, neu erbaut.

Ohne jeglichen Zweifel ist das Groeninge Museum das bedeutendste Museum der Stadt. Der größte Publikumsmagnet ist die „Madonna mit dem Kanoniker van der Paele", gemalt von Jan van Eyck in der Zeit von 1434 bis 1436. Aber auch die Meisterwerke von Hugo van der Goes, Hans Memling, Petrus Christus, Gerard David, Pieter Pourbus und weiteren,genannt die Flämischen Primitiven, werden jeden Kunstliebhaber erst einmal zum Staunen bringen.

Wer in Brügge nur die Zeit für einen einzigen Museumsbesuch hat, sollte folglich am Groeninge Museum und an den Sälen mit den Flämischen Primitiven nicht vorbeigehen.

Vom Groeninge Museum aus fällt der Blick unweigerlich auf den mit 122 Metern höchsten Turm der Stadt. Er gehört zur Liebfrauenkirche und ist gleichzeitig der höchste Backsteinturm im niederländischen Sprachgebiet.

Wir überqueren nun die Straße und betreten den Arentshof, immer den Pferdekutschen nach…

Umgebung Gruuthuse

Kurz hinter dem Zaun steht zur Rechten das **Arentshuis** ⑭, früher das klassizistische Herrenhaus der adeligen Familie Arents. Im Jahre

In einem vornehmen klassizistischen Wohnhaus, dem „Arentshuis", wurde die Kunstsammlung von Frank Brangwyn untergebracht. Neben dieser Dauerausstellung sind im Arentshaus auch regelmäßig wechselnde Ausstellungen zu sehen.

1908 wurde das Gebäude mit dem dazugehörigen Garten von der Stadt angekauft. Eine große Sammlung des englischen Künstlers Frank Brangwyn ist dort untergebracht, daher auch der Name „Brangwynmuseum".

Frank Brangwyn wurde 1867 in Brügge als ein Mitglied der damaligen englischen Kolonie geboren. Sein Vater, William Curtis Brangwyn, war ein Architekt und Maler,

ßergewöhnliche Ausstellungen organisiert.

Die beiden Säulen in der Mitte des Arentshofes waren Teil der früheren „Waterhalle" auf dem Markt. Die vier Skulpturen daneben stehen dort seit dem Jahr 1987 und stellen die **vier apokalyptischen Reiter** dar. Sie sind das Werk eines zeitgenössischen Künstlers, des Bildhauers Rik Poot.

Die gotische Fassade zur Rechten,

Eine stimmungsvolle Ansicht des Beginenhofes von Frank Brangwyn.

der unter anderem für die obere Kapelle der Heilig-Blut-Basilika den Siegesthron entworfen hat. Frank trat in die Fußstapfen seines illustren Vaters und wurde ebenfalls ein angesehener Maler, Aquarellzeichner, Zeichner und Innenarchitekt.

1936 schenkte er seiner Geburtsstadt ungefähr 300 seiner Werke, und damit besitzt Brügge die größte Sammlung der Werke dieses Künstlers.

Im Arentshaus werden auch au-

auf der anderen Seite der Gracht, ist der Seitentrakt des Hauses Gruuthuse.

Zu Beginn des 15. Jahrhunderts war dies das Stadtpalais der reichen Herren von Gruuthuse oder: des „Hauses der Gruute". Die „Gruute" war im Mittelalter eine Pflanzen- und Kräutermischung, mit der das Bier gewürzt wurde. Die Herren von Gruuthuse hatten das Monopol, Gruute an die Bierbrauer ausliefern zu dürfen. Das war sehr lukrativ,

Die Bootsfahrt führt die Besucher entlang malerischer Grachten und unter märchenhaften Brücken hindurch.

denn Flandern war schon immer ein Bierland!

Vom Arentshof aus ist es beinahe eine Selbstverständlichkeit, dass die Besucher ihre Wanderung in Richtung der oh so malerischen **Bonifaziusbrücke** fortsetzen. Es ist eine der schönsten Ecken der Stadt, und das Brückchen sieht sehr mittelalterlich aus. Doch der Schein trügt, denn dieses Bauwerk ist vor allen Dingen ein gelungenes Beispiel für die historisierende Romantik. Es wurde erst 1910 gebaut,

als die Stadtverwaltung eine Verbindung zur anderen Seite der Reie verwirklichen wollte. Authentisch ist diese Brücke also nicht. Dafür umso fotogener.

An der anderen Seite der Bonifaziusbrücke, an der Gabelung rechts, führt der Weg in den Innenhof des **Palais der Herren von Gruuthuse** ⑮. Oberhalb des Torbogens, unter dem man hindurch geht, befindet sich die private Betkapelle des Palais, von der aus man in den Chor der Liebfrauenkirche sehen

Für eine halbe Stunde wähnt man sich wirklich verloren in einer anderen, längst vergangenen Welt. Ein Erlebnis !

kann. Die hohen Herren mussten folglich nicht einmal das Haus verlassen, um in die Kirche zu gehen. Sehr praktisch in so einem feuchten Klima!

Über dem Eingang des Palais, im Innenhof, prunkt ein imposantes Reiterstandbild von Lodewijk van Gruuthuse, dem berühmtesten Sohn dieses Brügger Geschlechtes. Unter ihm steht das Motto der Herren von Gruuthuse: „Plus est en vous" – „Es steckt mehr in Ihnen". Jeder kann sich immer weiter verbessern, das

Der Stadtpalast der Herren von Gruuthuse war im 15. Jahrhundert die Bleibe dieses berühmten Brügger Geschlechts.

*Das **Gruuthusemuseum** ist geöffnet von 9.30 bis 17 Uhr. Montags geschlossen.*
Ein Audioguide ist im Eintrittspreis enthalten.

*In der riesigen Küche des Palastes wurden da-
mals die großen Bankette vorbereitet.*

*Die Büste (1520) zeigt Kaiser
Karl V., wahrscheinlich von
Konrad Meit hergestellt.*

*„Mordinstru-
ment" bis ins 19.
Jh.: die Guillotine.*

stimmt sehr wohl.

Das Gruuthusemuseum ist gegenwärtig ein allgemein bildendes Museum: Dort sind nicht nur Gemälde,
sondern auch Möbel, Musikin-
strumente, Waffen und vergleichbare Gegenstände zu sehen. Zum
Beispiel ist dort auch die authen-
tische Guillotine ausgestellt, die in
Brügge bis ins 19. Jahrhundert in
Gebrauch war. Im Jahre 1803 war
der berühmte Räuber Backelandt
einer der letzten, dessen Kopf rollen musste.

Beim Verlassen des Innenhofes von
Gruuthuse sehen wir das Standbild
eines Priesters, **Guido Gezelle,**
einer der bedeutendsten Dichter
der niederländischen Sprache. Er
wurde in Brügge geboren und starb
auch dort. Wir biegen nun links in
Richtung Liebfrauenkirche ab.

Guido Gezelle war einer der größten Dichter der niederländischen Sprache.

An der gegenüberliegenden Seite der Straße befindet sich noch das **Archäologische Museum** ⑯, ein ziemlich neues Stadtmuseum. Brügge besaß natürlich schon weitaus länger eine breit gefächerte archäologische Sammlung, aber das Amt für Archäologie hat diesbezüglich in den vergangenen Jahrzehnten enorme Anstrengungen unternommen. Die repräsentativsten Funde wurden kürzlich zusammengetragen und bieten Interessierten einen tollen Überblick über die ältesten Reste menschlicher Zivilisation in der Region.

Archäologische Funde zeigen ein Bild vom Leben, wie es früher war.

Eine irdene Reiterfigur imponiert durch ihre Eleganz.

*Für den Eintritt zum **Archäologischen Museum** ist ein gesondertes Ticket erhältlich. Montags geschlossen.*
***Öffnungszeiten**: 9.30 bis 12.30 und 13.30 bis 17 Uhr.*

Liebfrauenkirche ⑰

Im 9. Jahrhundert stand hier, gerade außerhalb der Grenzen des damaligen Brügge, eine Kapelle. Als sich die Stadt langsam aber sicher ausweitete, wurde diese durch ein größeres Gotteshaus ersetzt. Der erste Bau war romanisch. Erst ab dem 13. Jahrhundert wurde mit dem Bau der heutigen gotischen Kirche begonnen.

Im Inneren zeigt die Liebfrauenkirche alle Stilmerkmale der

Die monumentale Liebfrauenkirche mit dem höchsten Turm der Stadt (122 m). Dort sind der Herzog Karl der Kühne und seine Tochter Maria von Burgund beigesetzt.

Gotik, aber – und das ist charakteristisch für Flandern – die Ausstattung ist barock. In der zweiten Hälfte des 16. Jahrhunderts, als die Feindseligkeiten zwischen Spanien und den Niederlanden einen Höhepunkt erreichten, wurden die katholischen Gotteshäuser von den Geuzen und den Bilderstürmern fürchterlich heimgesucht. Erst im 17. Jahrhundert konnten die Kirchen restauriert und neu verziert werden, natürlich im damals zeitgemäßen Stil. Also: barocke Altäre, Beichtstühle und eine barocke Kanzel. Aber die Kirche an sich ist schließlich doch noch gotisch geblieben!

Über dem rechten Seitenaltar der Kirche prunkt Brügges sensationellster Kunstschatz: eine in weißem Marmor ausgeführte „Mutter mit dem Kinde", gearbeitet vom italienischen Künstler **Michelangelo Buonarroti**. Ja genau, der berühmte Michelangelo! Dieses Werk wurde von einem Brügger Kaufmann, der Filialen in Florenz und Rom hatte, erworben. Er gehörte zur Familie Moeskroen (oder Mosceroni für unsere italienischen amici). Der Bruggeling kaufte Michelangelos Madonna und schenkte das Bild im Jahre 1506 seiner Brügger Pfarrgemeinde, der Liebfrauenkirche. Diese Skulptur ist die einzige, die zu Lebzeiten Michelangelos aus

Unschätzbar ist Brügge schönstes Kunstwerk: „Mutter mit dem Kinde" von Michelangelo.

Italien exportiert wurde.

Tiefer im Chor der Kirche sind die **Prunkgräber** von Karl dem Kühnen, dem Herzog von Burgund, und seiner Tochter, Maria von Burgund, errichtet worden. Bemerkenswert: Das Grabmal der Tochter ist älter als das ihres Vaters: das von Maria ist nämlich gotisch, und das von Karl ist im

*Die **Liebfrauenkirche** kann während der Besuchszeiten kostenlos besichtigt werden. Während Heiliger Messen oder sonstiger Ämter ist dies natürlich nicht möglich. Für die Besichtigung der **Prunkgräber der Herzöge von Burgund** muss allerdings Eintritt gezahlt werden. **Öffnungszeiten**: 9.30 bis 17 Uhr. Samstag: bis 16.20 Uhr geöffnet. Sonntag: ab 13.30 geöffnet. Mo. geschlossen.*

Seit vielen Jahrhunderten wird in der Liebfrauenkirche die Mutter Christi verehrt.

Renaissancestil gehalten. Das liegt daran, dass die sterblichen Überreste Karls des Kühnen, der im Jahr 1477 bei Nancy fiel, erst gut ein halbes Jahrhundert nach dem Tode seiner Tochter von den Schweizern freigegeben wurden.

Auffällig ist der stilistische Unterschied: die frommen Engel auf dem Grab von Maria sind bei Karl dem Kühnen zu sehr weltlichen Kurtisanen geworden!

Der Chor der Liebfrauenkirche ist als Museum mit den Prunkgräbern der Herzöge von Burgund eingerichtet.

In der Privatkapelle im angrenzenden Palast konnten die Herren von Gruuthuse den Gottesdiensten beiwohnen.

Sint-Jans-Hospital ⑱

Gegenüber der Liebfrauenkirche steht das Sint-Jans Hospital. Die Gründung dieser Herberge, einer der ältesten Europas, geht auf die Mitte des 12. Jahrhunderts zurück. Ursprünglich war es nicht allein für die Versorgung von Kranken gedacht, sondern auch als Unterkunft für Reisende und Fremde. Es war demnach auch ein „Passantenhaus". Als Krankenhaus war es noch bis ins Jahr 1978 in Gebrauch, bis damals in einem Vorort außerhalb der alten Stadtmauern eine neue Klinik in Betrieb genommen wurde.

Zu den ältesten Teilen dieses lang gestreckten Komplexes gehören die Krankensäle aus dem 13. und dem 14. Jahrhundert, die sich neben der Kapelle befinden. Im Mittelalter la-

*Für einen Besuch des **Sint-Jans-Hospitals**, einschließlich **Memling-museum** und **Apotheke** aus dem 17. Jahrhundert, muss Eintritt gezahlt werden. Erklärungen gibt ein Audioguide. Die Eintrittskarte für das Sint-Jans-Hospital berechtigt gleichzeitig zum Besuch des **Onze-Lieve-Vrouw ter Potterie Museums** (zweiter Rundgang). **Öffnungszeiten**: 9.30 bis 17 Uhr. Montags geschlossen.*

Die Apotheke des Krankenhauses ist seit dem 17. Jh. unverändert geblieben (und war bis vor ca. 40-50 Jahren noch in Betrieb!)

In der Kapelle des Sint-Jans-Hospitals stellt ein Triptychon von Hans Memling die mystische Vermählung der Heiligen Katharina dar, umgeben von den Schutzheiligen des Krankenhauses.

Der Reliquienschrein der Heiligen Ursula gehört in Belgien zu den sieben Wundern der Malerkunst. Deutsche Besucher werden bestimmt die Stadt Köln (15. Jh.) wieder erkennen.

gen die Kranken im Raum, in dem sich auch die Kapelle befand, denn das Seelenheil war allemal wichtiger als die Gesundheit! In der Kapelle ist auch das **Hans Memling-museum** untergebracht, das sechs Meisterwerke dieses Flämischen Primitiven zeigt.

Hans Memling wurde in Seligenstadt am Main geboren und ließ sich in der Weltstadt Brügge nieder, wo er bis zu seinem Tode bleiben sollte. Neben dem weltberühmten Schrein der Heiligen Ursula ist auch noch der große Altarflügel „Die mystische Hochzeit der Heiligen Katharina" samt den zwei Patronheiligen des Hospitals, Johannes dem Täufer und Johannes dem Evangelisten, dort zu sehen.

Eine weitere Sehenswürdigkeit in diesem Gebäude ist die **Alte Apotheke** aus dem 17. Jahrhundert. Das kürzlich renovierte Museum zeigt übrigens sehr gut die Geschichte des Hauses und der Krankenversorgung in den vergangenen Jahrhunderten.

Stoofstraat und Walplein

Über die Mariabrücke (schöne Aussicht auf den Seitentrakt des Sint-Jans-Hospitals) gelangen wir nach 80 Metern rechts zu einer sehr schmalen Straße: der **Stoofstraat** ⑲. Der Name dieser Straße verweist auf die mittelalterlichen „Stoven" oder Badehäuser (das Wort „Stoof" erinnert an das deutsche Wort Stöv-

Innenausstattung des Sint-Jans-Hospitals: Ein Gemälde von Jan Beerblock aus dem Jahre 1778 zeigt die Krankensäle des Sint-Jans-Hospitals und gibt einen Einblick in die frühere Krankenversorgung. Links, im gleichen Raum, die Kapelle des Hauses.

Entlang der Grachten: Seitenfront des Sint-Jans-Hospitals, rechts die Krankensäle des 13. Jh.

Eine Arbeit des Künstlers Jef Claerhout aus Damme: Die griechischen Götter besuchen Brügge.

chen, also einen kleinen Ofen!). Man denke dabei nicht so sehr an Hygiene, sondern eher an eine Art Treffpunkt verschiedener Gelüste wie Warmbad, gut essen und trinken und so weiter… Vor allem das „Und so weiter" nahm eine zentrale Rolle ein, denn diese mittelalterlichen Thermen könnten getrost mit heutigen „Massagesalons" verglichen werden.

Ach ja, die Zeiten ändern sich, aber die Menschen sind noch immer dieselben geblieben!

Die Stoofstraat mündet auf dem **Walplein** ⑳, einem der geselligsten Plätze der Stadt. Dies ist aber erst der Fall, nachdem der Deutschen liebstes Kind, das Auto, dort den vielen Straßencafés weichen musste. Dazwischen stellt eine bronzene Skulpturengruppe des Künstlers Jef Claerhout die alten griechischen Götter dar, die Brügge einen Besuch abstatten. Die Straße um die Ecke heißt Walstraat, genau wie die besser bekannte Wall Street in New York. Und wirklich, beide haben denselben Ursprung in der Bedeutung: Hier verlief einst der Stadtwall.

Am Beginenhof machen die Kutscher wenige Minuten Halt, damit die Gäste den Innenhof besuchen können.

Über die Walstraat ist noch ein kleiner Abstecher zu einem Museum möglich, das man in Brügge vielleicht nicht unmittelbar erwarten würde. In der Katelijnestraat, an der gegenüberliegenden Seite auf der Ecke, befindet sich das Brügger Diamantenmuseum.

Diamantenmuseum ㉑

Der Stein des Anstoßes, gerade in Brügge ein Diamantenmuseum zu eröffnen, ist die Figur des Lodewijk van Bercken. Im 15. Jahrhundert wohnte er dort und soll hier eine Methode ausgeklügelt haben, um Diamanten mithilfe von Diamantpulver schleifen zu können. Im Brügger Diamantenmuseum wird dieser Person Recht gegeben. Obendrein wird hier auch der gesamte Prozess der Diamantenbearbeitung, vom Spalten oder Sägen des Rohmaterials, dem danach folgenden Runden und dem abschließenden Schleifen gezeigt. Dies wird durch eine täglich stattfindende Vorführung sehr anschaulich demonstriert.

Lodewijk van Bercken, wohnhaft im 15. Jh. in Brügge, war durch seine Erfindung des Diamantschleifens maßgeblich am Aufbau der Diamantindustrie beteiligt.

Demonstration des Diamantschleifens.

*Der Besuch des **Diamantenmuseums** ist kostenpflichtig. **Öffnungszeiten**: täglich 10.30 bis 17.30 Uhr. Diamantschleifer-Vorführung: 12.15 Uhr*

„Gotteshäuser"

Gotteshäuser (der Name irritiert, denn es handelt sich um eine Art mittelalterlichen Senioren- und Armenstift) wurden von den mittelalterlichen Vorläufern der Handwerkskammern für ihre alten und manchmal bedürftigen Mitglieder errichtet. Auch Privatpersonen konnten zum Bau eines solchen Stiftes die Initiative ergreifen und dann Senioren ein Unterdach bieten. Selbst Pfarrgemeinden konnten Gotteshäuser errichten, die dann allerdings „Dishuizen" genannt wurden („Dishuis" bedeutet soviel wie Verpflegungsstation; das Wort verweist auf das deutsche „auftischen" und das englische „to dish").

In Brügge gibt es noch immer etwa 50 dieser Gotteshäuser. Charakteristisch für solch eine Stiftung ist, dass es innerhalb des Komplexes mindestens immer eine Kapelle oder einen Gebetsraum gibt. Die damaligen Bewohner, alte oder arme Leute, wohnten hier nämlich kostenlos. Sie mussten allerdings jeden Abend für die barmherzige Familie beten, die ihr Gotteshaus gegründet hatte (Gotteshaus bedeutet nämlich: Haus, das zu Ehren Gottes errichtet wurde).

Das Bemerkenswerte in Brügge ist nun einmal, dass die Häuschen noch immer von alten oder armen Menschen bewohnt werden, obschon die Gotteshäuser während der französischen Herrschaft verstaatlicht (säkularisiert) wurden. Es sind demnach schon lange keine Privatstiftungen mehr. Sie gehören nun zum Besitz des OCMW (Openbaar Centrum voor Maatschappelijk Welzijn, zu Deutsch: Amt für gesellschaftliches Wohlergehen, gleichzusetzen mit dem Sozialamt).

Die Wohnungen im Gotteshaus „De Vos" bleiben alten und armen Menschen vorbehalten.

Gegenüber dem Brügger Diamantenmuseum liegt zur Rechten die Wijngaardstraat. Wenn wir in diese Straße einbiegen, ist die erste Straße zur Linken die Noordstraat. Eben um die Ecke liegt eines der Brügger Gotteshäuser (Godshuizen). Die „**Stiftung De Vos**" 22 kann ohne Zweifel als eine der schönsten hervorgehoben werden.

Wir gehen nun kurz zurück zur Wijngaardstraat und biegen links ab. Einige Schritte weiter erreichen wir den **Beginenhof**.

Zurück in der Vergangenheit: Bei einem Spaziergang in „Brügge by Night" bemerkt man kaum noch das 21. Jh..

Beginenhof ㉓

Oberhalb der Brücke steht die Jahreszahl 1776, das Jahr, in dem das Eingangstor gebaut wurde. „Sauvegarde" verweist dann wieder auf die Unabhängigkeit des Beginenhofes, der selbst von der Gerichtsbarkeit der Stadt losgelöst war. Der Brügger Beginenhof wurde im Jahre 1245 von Margareta von Konstantinopel, Gräfin von Flandern, gegründet. In diesem in sich geschlossenem Areal lebten die Beginen Jahrhunderte

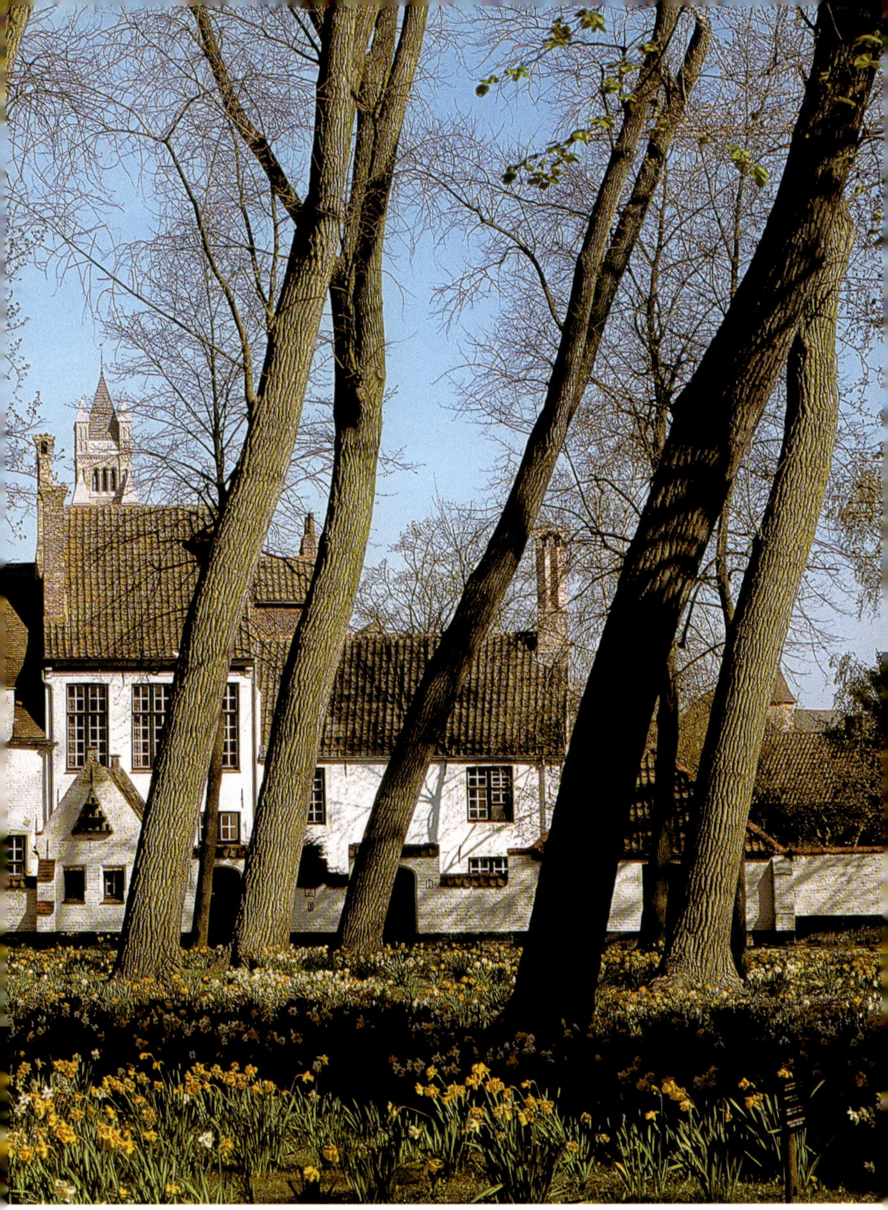

Der Brügger Beginenhof, wie man ihn nur selten sieht, denn nur im April blühen die Osterglocken. Doch als Trost: Auch außerhalb dieser Zeit bietet der Hof eine traumhafte Kulisse.

*Der Eintritt zum **Beginenhof** ist frei (Bitte betreten Sie nicht die Rasenflächen!). Am Eingang ist ein **kleines Museum** untergebracht, dessen Besuch allerdings kostenpflichtig ist.*
Öffnungszeiten: *März - Nov. Montag - Samstag 10 - 17 Uhr. Sonntag 14:30 - 17 Uhr.*

Eine Begine (jetzt eigentlich eine Benediktinerin) durchquert den Hof auf dem Weg zur Kirche.

lang unter der Leitung einer Oberin.

Wer oder was waren nun die Beginen? Es handelte sich hierbei nicht um Nonnen, denn diese legten ein Gelübde ab und mussten ihr ganzes Leben im Kloster bleiben. Beginen mussten dies nicht und konnten den Beginenhof folglich zu jeder Zeit definitiv verlassen. Des Weiteren lebten Klosterschwestern in einer Gemeinschaft, während Beginen allein oder mit einigen „Kolleginnen"

zusammenwohnten. Beginen arbeiteten für ihren Lebensunterhalt. Hier in Brügge wuschen sie die Wolle im Wasser der Grachten oder die Wäsche des nahe gelegenen St.-Jans-Hospitals. Ungeachtet dessen blieben sie unabhängig. Vielleicht könnte man sie als die ersten emanzipierten Frauen unserer Geschichte bezeichnen.

Seit dem Jahr 1928 gibt es in Brügge keine echten Beginen mehr. Ihre Rolle wurde im Jahre 1930 von

Im Kloster der Benediktinerinnen scheint die Zeit stehen geblieben zu sein: Alles strahlt Ruhe aus.

Benediktinerinnen übernommen. Die schönste Jahreszeit, um den Beginenhof zu besuchen, ist in den Monaten März und April, wenn die Narzissen blühen. Die ganze Wiese im Innenhof verwandelt sich dann einige Wochen lang in eine unglaubliche Blütenwelt, ein einzigartiger Anblick. Fairerweise muss aber gesagt werden, dass sich ein Besuch dieses touristischen Trumpfes von Brügge auch während der übrigen Jahreszeit lohnt.

Viele Besucher gehen täglich über die Brücke in den Beginenhof. Im Hintergrund der Turm der St.-Salvator-Kirche.

Umgebung „Minnewater"

Wenn wir durch das andere Tor den Beginenhof verlassen, kommen wir zum **Minnewater** ㉔ . Dieser Weiher wird in anderen Sprachen als Liebessee, Lake of Love, Lago d'amore oder Lac d'amour übersetzt. Diese fantasievollen Übersetzungen sind leider alle falsch. „Minne" hat im Altniederländischen zwei Bedeutungen: „Minne" für Liebe (denken Sie an die Minnesänger) aber

Die andere Seite des Minnewaters wird vom **Poertoren**, dem Pulverturm, beherrscht. Dieser war einst Lagerstätte für Schießpulver (für Büchsen) und gleichzeitig ein Teil der Brügger Stadtwälle.

Nun sind wir an den Rand der Stadt gelangt. Von der Bogenbrücke aus hat man eine sehr schöne Aussicht über das Minnewater. Hier befinden wir uns auch in der Nähe des Reisebusparkplatzes: noch ein kleines Stückchen weiter und dann rechts ab über die „Rote Brücke".

Das „Minnewater" ist eine reizende und romantische Stelle, übersetzt als „Liebessee", „Lac d'Amour", usw. (falsch, aber natürlich touristisch interessant)

auch „Minne" für gemeinschaftlich. Letztgenannte Bezeichnung ist die richtige. Das Minnewater war eine Art gemeinnütziges Hafenbecken: das „(all)gemeine Wasser".

Dass das Minnewater aus touristischen Erwägungen heraus ab dem 19. Jahrhundert als Liebessee bekannt gemacht wurde, ist übrigens nicht übertrieben. Es liegt tatsächlich eingebettet in eine sehr romantische Umgebung.

Besucher, die etwa mit dem Autoreisebus nach Brügge gekommen sind, haben die Möglichkeit, von hier aus den Rundgang zu beginnen und diesem Stadtführer zu folgen. Wer von hier aus losmarschieren möchte, kann den bis hierher beschriebenen Weg einfach in die entgegen gesetzte Richtung zurücklegen. Dazu braucht man von hier aus einfach nur bis zum Markt zurückzublättern.

Wir setzen natürlich unseren Rundgang weiter fort. Nachdem wir kurz das Panorama von der Minnewaterbrücke aus bestaunt haben, laufen wir zurück und folgen dem **Begijnenvest**.

Nach einigen hundert Metern müssen wir die Straße überqueren. Links fällt der Blick auf den Brügger **Hauptbahnhof**, der im Jahre 1938 gebaut wurde. Daneben steht ein großes Parkhaus, das 1.600 Fahrzeugen Platz bietet. Es ist somit günstig gelegen, denn am Bahnhof mündet auch die wichtigste Einfallsstraße von Brügge. Etwas weiter, vom großen Kreisverkehr aus gesehen, kommt man zum Autobahnzubringer der E 40 Brüssel-Ostende. Im Hintergrund zur Rechten sehen wir bereits das Brügger Konzerthaus mit seinen Terracotta-Schindeln.

Die breite, begrünte Straße, die wir nun entlang gehen, ist die alte Eisenbahntrasse, über die die Züge seit 1838 bis kurz vor den Zweiten Weltkrieg durch Brügge donnerten.

Ursprünglich stand der erste (und der zweite) Brügger Bahnhof 500 Meter weiter am Platz 't Zand, ungefähr dort, wo im Jahr 2000 mit dem Bau des neuen Konzertsaales begonnen wurde.

Nach dem Zweiten Weltkrieg verschwanden die Eisenbahnschienen. Zwischen dem neuen Bahnhof und dem Zentrum wurde ein großzügiger Spazierweg angelegt, ein einladender und alles andere als großstädtisch anmutender Zugang zur Stadt. Unterwegs sehen wir noch das Ritterdenkmal von **König Albert I.** ㉕. Das Standbild wurde vom Bildhauer Octaaf Rotsaert gearbeitet und im Jahre 1954 feierlich enthüllt. So kommen wir, beinahe unbemerkt, am Konzertgebäude und einem lang gestreckten Platz vorbei: **'t Zand**.

Umgebung von „'t Zand" ㉖

Dieser rechteckige Platz wird an der Südseite von **Brügges neuem Konzertgebäude** beherrscht.

Um das Jahr 1997 herum träumte die Stadtverwaltung von einem

Am „Zand" symbolisieren die Fischerleute des Springbrunnens das Band zwischen Brügge und dem Meer.

Das große Konzertgebäude beherbergt auch die Tourist-Information In & Uit genannt.

größeren Kulturtempel für die Stadt, um Brügge auf diesem Gebiet in der gesamten Region mehr Anziehungskraft zu verleihen. Ein internationaler Wettbewerb wurde ausgeschrieben, denn es sollte architektonisch etwas ganz Besonderes werden. Die Jury bevorzugte einen belgischen Entwurf. Paul Robberecht und Hilde Daem von einem Architekturbüro aus Gent, erhielten letztendlich den Auftrag. Für die Stadtverwaltung schien der Preis vor dem Stadtkämmerer vertretbar: Die Baukosten sollten sich „nur" auf 25 Millionen Euro belaufen.

Zu welcher Summe sich die Baukosten inzwischen addiert haben, bleibt ein wohl gehütetes Geheimnis der Stadtverwaltung. Manche sprechen vom doppelten Betrag des Kostenvoranschlages.

In Brügge hatte man aber nur noch zwei Jahre und vier Monate Zeit.

Im Eiltempo wurde nun angefangen zu arbeiten, denn der Komplex musste zum 20. Februar 2002 um 20.02 Uhr, der offiziellen Eröffnung von „Brugge 2002", fertig gestellt sein. Der Grundstein wurde am 13. Juni 2000 gelegt. Das Eröffnungskonzert konnte tatsächlich pünktlich auf die Minute stattfinden.

Alles in allem, trotz aller Überlegungen und Bedenken (vor allem, weil das Konzertgebäude direkt angrenzende Häuser um Meter überragt und mitten auf 't Zand – wie ein Ufo – errichtet wurde) muss man es doch als einen realistischen Zugewinn für die Kulturstadt Brügge betrachten. Die Kühnheit des dominanten Baus wird etwas durch die Terracotta-Verkleidung abgeschwächt. Auf diese Weise harmoniert der über die Häusergipfel hinausragende Riese mit dem Farbenspiel der roten Dachlandschaft der Brügger Innenstadt.

Im Erdgeschoss des Konzerthauses (Concertgebouw) befindet sich seit 2005 der Informationsservice In & Uit. Hier sind touristische und kulturelle Informationen sowie Tickets für Veranstaltungen und Konzerte erhältlich.

Den Rücken zum Konzertgebäude gewandt, liegt zur Linken **„West-Brügge"**, so wie dieser Stadtteil genannt wird. Dieses ganze Stadtviertel wurde 1838 vom Zentrum abgeschnitten, nachdem die Eisenbahnlinie und der erste Bahnhof dort gebaut wurden. Die damalige Stadt-

Eine der Ursachen für die Fehlkalkulation war, dass ungefähr zur Zeit des Zuschlages für das Projekt Brügges Kandidatur zur Kulturhauptstadt im Jahre 2002 angenommen wurde. Und damit wurde der Bau eines neuen Konzertgebäudes natürlich auf einmal vordringlich. Um so ein Gebäude hochzuziehen, muss man normalerweise mit einer Bauzeit von fünf Jahren rechnen.

verwaltung hoffte, dass ein Bahnhof mitten in der Stadt neue Impulse für das wirtschaftlich und sozial schwer angeschlagene Brügge bringen könnte. Dieser harte Einschnitt in die gewachsene Stadt ist bis heute an der Führung der Straßentrasse sichtbar. West-Brügge ist dadurch zu einem fast selbstständigen Unterzentrum geworden, in dem es fast alles gibt, was den täglichen Bedarf der dortigen Einwohner deckt.

Für Brügge-Besucher ist es ein interessantes Stadtviertel, um dort einmal hindurchzuschlendern. Dort, in einer Seitenstraße der Smedenstraat, befindet sich die Blindekens-Kapel-

noch ein bisschen näher kennen lernen wollen. Lassen Sie uns noch eben auf 't Zand verweilen. Zu Beginn der 80er Jahre wurde in Brügge ein Wettbewerb ausgeschrieben, mit der Absicht, inmitten des Platzes ein zeitgenössisches Kunstwerk zu errichten. Das Thema musste im Einklang mit der Geschichte der Stadt Brügge stehen. Der Entwurf des Ehepaars Stefaan De Puydt und Livia Canestraro schien am besten zu passen. Seit seiner Enthüllung gehört der Brunnen übrigens zu einem der am meisten fotografierten Kunstwerke Brügges.

Der **Springbrunnen auf 't Zand** be-

Vier Aktfiguren symbolisieren die vier historischen flämischen Städte: Brügge; Gent, Ieper und Kortrijk.

le. Am Ende der Straße erhebt sich eines der schönsten Brügger Stadttore – das **Schmiedetor**. Links und rechts davon lädt der Grüngürtel um die Stadt (alter Stadtwall) zum Verschnaufen ein. Außerdem gibt es in West-Brügge mehrere Gotteshäuser.

Aber das nehmen wir uns vielleicht etwas später vor, wenn wir die Stadt

steht aus vier rostfarbenen Stahlsäulen, an denen polierte Bronzestatuen angebracht sind. Das Wasser fungiert dabei als universelles Bindeglied. Die Badenden stellen dabei die vier historischen flämischen Städte Ieper, Gent, Kortrijk und Brügge dar. Die Gruppe Fischer verweist auf die enge Verbindung zwischen Brügge und dem Meer. Das dritte Bild stellt eine

Vom Dach des Konzertgebäudes hat man einen phantastischen Ausblick über die Dachlandschaft.

typisch flämische Landschaftspartie dar, wie Jacques Brel sie so lyrisch in seinem schwermütigen Chanson „Le plat pays" besingt.

Die dem Zentrum zugewandte Seite, gegenüber der Zuidzandstraat, wird von einer Gruppe von Fahrradfahrern eingenommen (das ideale Fortbewegungsmittel in Flandern und vor allem in Brügge).

Eine der Figuren ist Nele, die noch kurz Till Eulenspiegel oben auf der Säule winkt. Flanderns legendärer Held blickt dabei in Richtung Damme, seiner Geburtsstadt (zumindest nach dem Buch von Charles Decoster, der Eulenspiegel in der spanischen Epoche zu einem Freiheitshelden des 16. Jahrhunderts aufsteigen ließ). (Siehe Kapitel „Damme")

Mehrere Autoreisebusse, die Brügge ansteuern, machen kurz auf 't Zand Halt, um dort ihre Passagiere von Bord zu lassen. Diese müssen dann durch die Innenstadt wieder zurück zum Busparkplatz am Katelijnevest laufen, denn die Busse dürfen nicht zu 't Zand zurückfahren, um sie dort einsteigen zu lassen.

Auch diese Besucher können nun von hier aus unserem Parcours bis zum Markt folgen, indem sie bis zu diesem Punkt von Rundgang 1 zurückblättern. Von dort aus können Sie ihren Rundgang dann weiter in Richtung Minnewater und schließlich bis zum Busparkplatz fortsetzen.

Sankt-Salvator-Kathedrale ㉗

Die Straße gegenüber dem Brunnen führt direkt zum Dom, der Sankt-Salvator-Kathedrale, und weiter bis zum Markt. Sankt Salvator wurde als Pfarre um das Jahr 850 herum gegründet. Von dem ersten kleinen Kirchengebäude ist nichts erhalten geblieben. Mit dem Bau der heutigen Kirche und dem Turmunterbau wurde im 12. Jahrhundert begonnen. Als Brügge mit der Zeit immer größer wurde und an Bedeutung gewann, wuchs Sankt Salvator natürlich mit. Es wurde schließlich eine große, dreischiffige gotische Kreuzkirche. Der Chor geht auf das Jahr 1300 zurück, während der Chorumgang mitsamt der fünf Kranzkapellen aus dem späten Mittelalter stammen.

Vom Konzertgebäude führt der Weg entlang der Zuidzandstraat zur Sankt-Salvator-Kathedrale, der ältesten Pfarrkirche der Stadt (850).

*Der Eintritt zur **Kathedrale** ist kostenlos. Während religiöser Feierlichkeiten ist die Kathedrale für Besucher nicht zugänglich. **Öffnungszeiten**: Mo. Fr. 9 - 12 und 14 - 17.30 Uhr. Sa. 9 - 12 und 14 - 15.30 Uhr, So. 9-10 und 14-17 Uhr. Schatzkammer (gebührenpflichtig): tägl. außer Sa. 14 - 17 Uhr. Mitte Jan. bis Mitte Feb.: Kirche täglich 9 - 12 Uhr geöffnet, außer Mo.. Schatzkammer geschlossen.*

Das Kirchen-schiff der Sankt-Salvators-Kathedrale ist beeindruckend. Links erkennt man noch die Hand einer riesigen Skulptur von Artus Quellinus: „Gott der Vater"(1682).

Nach dem Abriss der Sankt-Donaas-Kathedrale (auf der Burg) wurde die Kirche des Heiligen Salvator zur neuen Kathedrale erhoben; also der Kirche, in der der Katheder oder der Thron des Bischofs steht.

Im vergangenen Jahrzehnt wurde das Gebäude gründlich saniert und restauriert. Heutzutage erzählen das wertvolle Kirchenmobiliar, die Kunstwerke, die Orgel und die prächtigen Glasfenster wieder die faszinierende Geschichte dieses Jahrhunderte alten Sakralbaus. Allein wegen des imposanten „Gott der Vater", einem Kunstwerk von Quellinus, muss man dort hineingehen. Dieses Bildnis aus dem Jahre 1682 steht oberhalb des Lettners. Während der jüngsten Restau-

Chor der Sankt-Salvators-Kathedrale mit unschätzbaren Kunstwerken, wie den acht Wandteppichen (um 1700).

rierungsarbeiten blieb auch das Museum der Kathedrale einige Jahre lang geschlossen. Die Wiedereröffnung des Museums erfolgte im September 2002. Damit einhergehend erhielt es unmittelbar einen neuen Namen: Domschatzkammer – zu Recht! In ihr befindet sich unter anderem das älteste gemalte Brügger Altarretabel, der Huidenvettersaltar, aus dem Jahre 1400.

Der neugotische Reliquienschrein des (seligen) Grafen Karl der Gute, ermordet in der Sankt-Donaaskathedrale (1127).

Bevor wir von der Kathedrale aus weiter in Richtung Markt gehen (wo der Belfried steht), schauen Sie vielleicht mal eben auf die Seitenstraße, die gegenüber der Kirche liegt – die Zilverstraat. Ungefähr 30 Meter einwärts dieser Straße steht auf der linken Seite das **älteste Privatwohnhaus** der Stadt, das 1468 für Jean Vasquez gebaut wurde.

Er war Schriftführer von Isabella von Portugal, der dritten Ehefrau des Herzogs Philipp des Guten und Mutter von Karl dem Kühnen. Das Motto von Jean Vasquez prunkt noch immer oberhalb der Natursteineinfassade des Hauses: „A bon compte avenir!" (Wer gut aufpasst, dem gehört die Zukunft).

Wir gehen nun über die Steenstraat zurück zum Markt.

Ein berühmter Bruggeling war der Wissenschaftler Simon Stevin, geboren 1548.

Steenstraat

Auf unserem Weg gelangen wir erst zu einem Platz mit dem Denkmal von **Simon Stevin** 28 . Er ist Brügges berühmtester Einwohner gewesen und wurde im Jahre 1548 geboren. Wie so viele Intellektuelle floh er während des spanisch-niederländischen Religionskrieges nach Nord-Holland, wo er später in Den Haag verstarb. Simon Stevin – wohl wirklich einer der größten Denker, die Flandern je hatte, war Ingenieur, Mathematiker und Naturwissenschaftler, Festungsbauer und Ratgeber des Prinzen Maurits van Nassau. Er war insbesondere auch Erfinder. Mit einer seiner Erfindungen werden wir tagtäglich konfrontiert: Das Komma als Dezimalzeichen. Selbstverständlich? Ja schon, aber man muss doch erst mal darauf kommen!

Sein Denkmal, das im Jahre 1846 errichtet wurde, war das erste von vielen in Brügge. Im Hintergrund erhebt sich der ranke und schlanke Turm der Liebfrauenkirche über den Gipfeln der Häuser.

Vom Simon Stevinplein aus sind wir nun nur noch einen Steinwurf (für den, der zumindest weit werfen kann!) vom Markt entfernt. Vergessen Sie nicht, während des Flanierens durch Brügges bedeutendste Einkaufsstraße ab und an einmal über die Schaufenster hinaus nach oben zu schauen, denn dort gibt es auch eine Menge zu sehen!

Hausnummer 40, „De Gekroonde Laars" (der gekrönte Stiefel), war

zum Beispiel das **Zunfthaus der Schuhmacher**.

Dieser Treppengiebel aus Backstein ist einer der höchsten und breitesten der Stadt und stammt aus dem Jahr 1527. Achten Sie auf das raffinierte Maßwerk und auf das Symbol der Schuhmacherzunft: ein gekrönter Stiefel.

Die Dachkonstruktion aus Eichenholz ist ein bemerkenswertes Ganzes… und regelmäßig zu besichtigen, meistens sogar kostenlos! Dieses Gebäude ist Eigentum eines Geldinstitutes, das dort regelmäßig verschiedene Ausstellungen organisiert. Wenn dies der Fall ist, dann hängt meistens ein Plakat oder eine Mitteilung außen an der Treppe. Lassen Sie sich diese Gelegenheit nicht entgehen!

Das Haus daneben, die Nummer 38, war früher das **Zunfthaus der Zim-**

Das **Zunfthaus der Maurer** in der Steenstraat 25 ist ein besonders gutes Beispiel dafür, wie man zu Hochzeiten der Renaissance weiter dazu tendierte, doch immer wieder Elemente gotischer Architektur in die Fassade einzuarbeiten.

Auch hier bei dieser Fassade aus dem Jahre 1621, ist oben in den Bogen typisch gotisches Maßwerk zu erkennen.

Dies ist direkt der Beweis dafür, dass sich die Baumeister immer gerne der Stilelemente bedienen, die Brügges Blütezeit des Mittelalters bezeugen. Eigentlich können wir festhalten, dass die Gotik in Brügge niemals vollständig verloren gegangen ist.

Gerade in dem Moment, in dem wir zurück auf den Markt gelangen, erreichen wir das Haus auf der Steenstraat Nummer 5. Es ist das Haus **De Gapaerd**. Früher trugen die Häuser keine Hausnummern, wohl aber Namen. Der Name dieses Hauses lautete folglich **De Gaper**. Der Grund dafür wird deutlich, wenn man nach oben sieht: Zwischen den Fenstern der ersten Etage wird der „Gaper" (Gaffer) sehr anschaulich dargestellt …

merleute, das in klassizistischem Stil erbaut wurde. Es wurde aus Naturstein gebaut, denn diese Zunft war „steinreich". Die Fassade und das Gebäude stammen aus den Jahren 1764-1765. Das Ganze wurde zwischen 1980 und 1985 von dem Geldinstitut restauriert, das in dem Gebäude ansässig ist.

Das ist ein gutes Beispiel moderner Großzügigkeit.

Zweiter Rundgang: „Das weniger bekannte Brügge"

Vom „Eiermarkt", gegenüber dem Belfried, führt uns der zweite Rundgang in Richtung Norden.

Eiermarkt ㉙

Vom Markt aus gehen wir über die Straße, die links gegenüber dem Belfried liegt. Nach 30 Metern gelangen wir zum Eiermarkt mit seiner monumentalen Wasserpumpe inmitten des Platzes. Zwei Wappenträger, ein Löwe und ein Bär, halten das Wappenschild von Brügge in ihren Klauen: einen gekrönten blauen Löwen auf rot-silbernen Querbalken (die Farben der Deutschen Hanse von damals). Es handelt sich hierbei um ein Werk des Brügger Bildhauers Pieter Pepers, das aus dem Jahr 1761 stammt.

Rechts erhebt sich im Hintergrund die Silhouette des Brügger Stadttheaters. Auf halbem Weg überrascht auf der linken Straßenseite ein modernes Gebäude - das der Stadtbibliothek. Es ist ein gutes Beispiel von „Lückenschlussarchitektur". Auf diese Weise wurde versucht, eine frühere, wertlose Fassade durch einen modernen, halbwegs neutralen Baustil zu ersetzen, der dennoch nicht störend wirkt.

Sint-Jacobsstraat (St.-Jakobs-Straße)

Bereits seit dem Mittelalter hatte dieser Bezirk eine Ausstrahlung, und noch immer bezeugen prachtvolle Herrenhäuser den früheren Glanz.

In der Sankt-Jakobs-Kirche, früher die reichste Pfarrei der Stadt, gibt es viele Kunstwerke zu bewundern.

Der „Hof van Borsele" (Hausnummer 25), in dem nun das **städtische Musikkonservatorium** untergebracht ist, zeigt ein gutes Beispiel dafür. Im Innenhof steht zur Linken ein Standbild des musikalischsten Fürsten des Alten Testamentes, David mit seiner Harfe.

Das Haus daneben (Nummer 27) ist architektonisch interessant, denn das im Jahr 1639 errichtete Gebäude besitzt Brügges schönsten Renaissancegiebel.

Etwas weiter, links auf dieser Straße, war das große Anwesen mit dem Innenhof (Nummer 41) um 1600 herum die **Residenz des Konsuls von Navarra**. Später nutzte man das Gebäude als Hotel. Nach dem Zweiten Weltkrieg wurde es einige Jahre den Studenten des gerade eröffneten Europa-College zur Verfügung gestellt. Seit 1985 ist dort wieder ein Hotel untergebracht. Damit einhergehend erhielt das Hotel auch seinen historischen Namen zurück: „Navarra". So gelangen wir weiter zur Rückseite der Sankt-Jakobs-Kirche, die größtenteils aus dem 15. Jahrhundert stammt. Unmittelbar an der Ecke führt ein kleiner Durchgang zur Rechten in ein Gotteshaus: „De Vette Vispoort", eine Stiftung aus dem 16. Jahrhundert.

Sankt-Jakobs-Kirche: Während der Saison, vom 1. April - 30. Sept., ist die Kirche im Prinzip jeden Tag von 10 - 12 und von 14 - 17 Uhr geöffnet. Während Messen und Ämtern ist die Kirche nicht zugänglich. Gleiches gilt für den Sonntagmorgen. Der Eintritt ist frei.

Information

Sankt-Jakobs-Kirche ㉚

Außer zu Messen und Ämtern war diese Kirche früher meistens geschlossen. Sie liegt nun einmal etwas abseits der Touristenströme und die Zeit, in der Gebäude mit derart vielen Kunstschätzen ohne Bewachung offen standen, scheint nun leider endgültig vorbei zu sein. Anlässlich „Brügge 2002" machte die Stadtverwaltung den Pfarrgemeinden Zugeständnisse, um auch die Kirchen außerhalb des Stadtkerns für Besucher zugänglich machen zu können. Diese Initiative war dermaßen erfolgreich, dass sie vorerst für die kommenden Jahre bestehen bleibt.

Um das Jahr 1240 herum wurde Sankt Jakob eine eigenständige Pfarrgemeinde. Durch das schnelle wirtschaftliche Wachstum Brügges gewann dieses Gotteshaus ständig an Bedeutung. Obendrein war die Kirche zu einer Pilgerstation geworden, die sich auf dem Weg nach Santiago de Compostella befand. Aus diesem Grund zeigt das Wappenschild der Kirche die bekannten Sankt Jakobsmuscheln (sie verweisen auf den spanischen Wallfahrtsort).
In einer Seitenkapelle des linken Schiffes ist das Meisterwerk eines anonymen Flämischen Primitiven zu bewundern. Dieser Künstler, ein

Monumentales Renaissance-Grabmal des Herrn Ferry de Gros, Schatzmeister im Orden des Goldenen Vlieses (mit seinen zwei Ehefrauen !)

Zeitgenosse von Hans Memling, wurde nach seinem bedeutendsten Werk benannt, der Luzialegende. Die Jakobskirche ist darüber hinaus für einige der schönsten kupfernen Brügger Grabplatten bekannt, etwa die von Kateline d'Ault (im Chor). Das junge Mädchen starb im Jahr 1461 und wurde zwischen ihrem jüngeren Bruder und ihrem Schutzengel dargestellt.

Bemerkenswert ist auch das Grabmal von Ferry de Gros, das sich in einer Seitenkapelle rechts vom Chor befindet. Er war der Schatzmeister vom Orden des Goldenen Vlieses. Er starb im Jahr 1544. Sein Grabmal ist eines der ältesten erhalten gebliebenen Renaissance-Kunstwerke der Stadt. Außerdem hängt in derselben Kapelle eine florentinische Madonna von Luca della Robbia.

Zum Schluss noch ein Wort zur Kanzel, einer Perle der Holzschnitzkunst. Der Fuß der Kanzel stellt die vier bekannten Weltteile dar, in denen das Evangelium verkündet wurde. Vor allem die Art und Weise, auf die die wilden Tiere (Krokodile, Dromedare usw.) dargestellt werden, ist ungewöhnlich: Der Künstler kannte die Tiere nämlich ausschließlich vom Hörensagen und bediente sich demzufolge seiner Fantasie.

Wir laufen nun wieder zurück zur Rückseite der Kirche und folgen erneut dem Lauf der Sint-Jacobsstraat. Dort wo die Straße rechtwinklig abzweigt, fällt der Blick auf den „Hof de Gros". Wir überqueren nun eine Brücke und biegen in die

In der Sint-Jorisstraat entdeckt man das Brügger „Pestgemälde" an der Stelle, wo die Epidemie zum Stillstand kam.

erste Straße (Pottenmakersstraat) rechts ab. Wir gehen immer weiter geradeaus, bis die Straße wieder entlang der Grachten verläuft. An der gegenüberliegenden Seite sehen wir die ältesten Teile der Stadtbefestigung: einen Festungsturm aus dem Jahre 1127, der auf dem ersten Stadtwall lag.

Etwas weiter, auf der gegenüberliegenden Seite, ragt ein Erker aus Backstein über die Fassade des Eckhauses hervor. Dieser Erker ist reich mit allerhand gotischen Motiven verziert. Er war einst das Atelier eines Goldschmiedes, der dort im Jahre 1584 wohnte. Die nun folgende **Augustinerbrücke** ist die älteste der Stadt und stammt aus dem Jahre 1391.

Wir überqueren nun nicht die Augustinerbrücke, sondern gehen weiter die Straße geradeaus, um dann links in den Oost-Gistelhof abzubiegen. Am Ende der Straße biegen wir rechts in die Sterstraat und dann sofort wieder links ab, dort wo der Turm der Sankt-Gillis-Kirche auftaucht.

Die Sankt-Gillis-Kirche sieht noch immer aus wie eine Dorfkirche, komplett mit Turmuhr!

Sankt-Gillis-Kirche ③

Dieses schlichte Gotteshaus steht inmitten eines volkstümlichen Viertels, obwohl in der Gemeinde natürlich auch einige begüterte Bruggelingen wohnten, Hans Memling etwa, der in dieser Kirche begraben wurde. Bei seinem Tod war er einer der reichsten Bürger seiner Stadt.

Unter baustilkundlichen Aspekten ist diese Kirche auch interessant. Es handelt sich hierbei um eine frühgotische Kirche, deren Seitenschiffe eben so hoch sind wie das Mittelschiff. Diese Architektur, erinnert an die profane Baukunst. Sankt Gillis ist in der Tat eine so genannte Hallenkirche – die einzige in Brügge.

Die Baugeschichte der Kirche geht eigentlich mit der von Sankt Jakob einher, die vorher besprochen wurde. Auch Sankt Gillis war nämlich eine Aushilfskirche, die erst im Jahre 1240 zu einer unabhängigen Pfarrgemeinde wurde. Zum Ende des 13. Jahrhunderts wurde die heutige Kirche errichtet, die dann im 15. Jahrhundert vergrößert wurde. Schließlich sorgte eine sehr weitgehende Restaurierung im Jahre 1875 für den unverkennbaren neogotischen Gesamteindruck.

Hinten rechts hängt an der Westseite ein aus vielen Bildtafeln be-

Information

Sankt-Gillis-Kirche: *Sollte diese Kirche geöffnet sein (und nicht für Messen oder Ämter gebraucht werden), lohnt es sich auf jeden Fall, dort einmal hineinzugehen. Feste* **Öffnungszeiten** *gibt es vom 1. April bis zum 30. September, jeden Tag von 10 bis 12 und von 14 bis 17 Uhr. Am Sonntagvormittag ist wegen der Messen für Besucher geschlossen. Der Eintritt ist frei.*

stehendes Gemälde, das im Jahre 1564 von Pieter Pourbus gemalt wurde. Das „Abbild van Hemelsdaele" befindet sich seit dem Jahr 1828 in der Gilliskirche. Es hängt dort, seitdem in Brügge die Abtei von Hemelsdaele aufgelöst wurde (zu diesem interessanten Gemälde liegt eine Broschüre mit einigen Erläuterungen griffbereit).

Die Kirche ist außerdem eng mit der Bruderschaft der Heiligen Dreifaltigkeit verbunden, die dort im Jahre 1642 ins Leben gerufen wurde. Der „**Orden der Trinitarier**" setzte sich zum Ziel, Sklaven (Christen) freizukaufen, die in die Hände der Araber und Türken gefallen waren.

So wurde um das Jahr 1780 herum ein Bruggeling, Jan De Mulder, durch Zutun der Trinitatier gerettet.

Gemälde von Jan Garemijn: Ein Sklave wird von den Trinitariern freigekauft.

Seine Heimkehr wird in der Taufkapelle, hinten in der Kirche, auf einem der Gemälde von Jan Garemijn dargestellt.

Chor der Sankt-Gillis-Kirche. Besonders beachtenswert sind rechts die drei gefesselten Sklaven, Erinnerung an den Orden der Trinitarier.

Die „Lange Rei" (Langer Kanal) verläuft vom Zentrum bis zum Dammer Tor.

Wir gehen nun zur Rückseite der Kirche. Genau gegenüber der Apsis führt die Sint-Gilliskoorstraat zur Lange Rei. Dort biegen wir links ab. Über die **Lange Rei** fuhren einst die Schiffe von der Nordsee und weiter über die Mündung des Zwin nach Brügge ein. Ein holländisch anmutendes Brückchen (ungefähr aus dem Jahr 1970) führt uns zur früheren „Duinenabdij" (Dünenabtei).

Ehemalige Duinenabdij ㉜ (Dünenabtei)

Durch das Tor können wir kurz in die einstmals größte Abtei Brügges hineinspähen, die in der zweiten Hälfte des 17. Jahrhunderts im Barockstil hochgezogen wurde. Die Dünenabtei (Ter Duinen) der Zisterzienser ist das beeindruckendste Gebäude dieses Stils, das die Stadt

Für eine der vielen Brücken, die über den Kanal führen, hat man sich von einer holländischen inspirieren lassen.

Die schlichte klassische Fassade der Kirche der früheren Dünenabtei.

vorzuweisen hat. Ursprünglich wurde die Dünenabtei an der flämischen Küste in Koksijde im Jahre 1128 gegründet und erlebte während des Mittelalters eine enorme geistige und kulturelle Blütezeit.

Aber zu Beginn des 16. Jahrhunderts – einer in religiöser Hinsicht bewegten Epoche – flohen die übrig gebliebenen Mönche ins sicherere Brügge. Zwischen 1628 und 1642 wurden neue Gebäude errichtet. Die Kirche folgte 150 Jahre später.

Nicht für lange Zeit… Kurz nach Vollendung der neuen Kirche im Jahr 1778 war die Zeit der Französischen Revolution gekommen, als die Franzosen in Flandern einfielen. Das führte im Jahre 1796 zur Schließung der Abtei. Alle Gebäude der Abtei wurden einer neuen Bestimmung übergeben. Teilweise wurden die Gebäude sogar sehr vielfältig genutzt. Nacheinander wurde die Dünenabtei als Zentralschule, später als Lyceum, Armeekrankenhaus und Lagerstätte der Armee genutzt. Später wurde der Komplex auch noch in ein humanistisches Gymnasium (Athenäum) umgewandelt.

Schließlich wurde im Jahre 1833 in der ehemaligen Dünenabtei das Bischöfliche Seminar eingerichtet, das es bis heute geblieben ist. Das Seminar ist ausschließlich auf ausdrückliche Anfrage zu besichtigen. Es macht demnach wenig Sinn, über das Innere oder über die einzigartige Bibliothek von unschätzbarem Wert zu sprechen, weil diese ohnehin nicht der Öffentlichkeit zugänglich ist.

Museum und Liebfrauen-kirche der Potterie ㉝

Etwas weiter entlang des Wassers kommen wir zur Potterie. Der Überlieferung zufolge dankt sie ihren Namen einiger Töpfereien (Pottbäcker!), die dort im frühen Mittelalter angesiedelt waren. Die „Pottbäcker" hatten dort eine Kapelle, die Unserer Lieben Frau geweiht war. Vermutlich schon in der zweiten Hälfte des 13. Jahrhunderts wurde an diesem Ort ein Hospital errichtet, das gerade außerhalb der Stadt an einer der großen Einfallsstraßen zum Zentrum und am Wasser lag.

Von den drei Giebeln ist der linke (1529) der des Hospitals. Der Giebel in der Mitte markiert den der Kirche und ist der älteste - er stammt aus dem Jahre 1359. Der rechte Giebel ist der eines 1623 angebauten Seitenschiffes. Neben dem Portal der

Die Potterie war seit dem 13. Jh. ein Passantenhaus am Rande der Stadt, später ein Krankenhaus und heute ein Altenheim. Das Museum zeigt sehenswerte Kunstschätze.

*Eintritt mit einem **Kombiticket Memlingmuseum-Potterie**, aber für dieses Museum gibt es auch ein separates Ticket. **Öffnungszeiten**: 9.30 bis 12.30 und 13.30 bis 17 Uhr. Montags geschlossen. Innen liegt für die Besucher eine Beschreibung aus.*

Kirche der Potterie. Wandteppich 15.Jh., Wolle und Seide: Die thronende Madonna wird umringt von Johannes dem Täufer (links) und Johannes dem Evangelisten (rechts).

Kirche befindet sich ein malerisches Vordach mit einem Gitterfenster, hinter dem vor langer Zeit einmal das wundersame Bild der Lieben Frau der Potterie aufgestellt stand. Dieses Bildnis konte dort von zahlreichen Menschen verehrt werden. Diese Kirche besitzt bemerkens-

In der Schatzkammer der Potterie gibt es zahlreichen silbernen und goldenen Kirchenschmuck.

Die Wunderstatue der Lieben Frau der Potterie wird seit dem 13. Jh. verehrt und angebetet.

werte Kunstschätze. Zwei der ältesten Brügger Wandteppiche, die gegen Ende des 15. Jahrhunderts gewebt wurden, hängen im linken Schiff als Altarvorhang. Der eine stellt die Geburt Christi dar, der von den Gabenbringern umringt ist. Auf dem anderen thront die Madonna mit dem Sohn Gottes, links mit Johannes dem Täufer und mit Johannes dem Evangelisten rechts davon.

Im rechten Schiff hängen die so genannten „**Mirakelteppiche**", die zu Beginn des 17. Jahrhunderts nach der Handlung eines erhalten gebliebenen Mirakelbüchleins (1500) gewebt wurden.

Sie bilden allerhand Wunder ab, die sich in der Vergangenheit durch die Fürbitten Mariens ereigneten. Dass diese flämischen Renaissance-Teppiche die bewegte Geschichte überdauert haben, ist das größte Wunder überhaupt. Während der französischen Epoche wurden sie nämlich als Pferdedecken für die Kavallerie der französischen Armee gebraucht, die in der Kirche untergebracht war.

Für die Liebhaber der Silberschmiedekunst ist die **Schatzkammer** der Potterie ein Muss. Mit einer prestigeträchtigen Sammlung an Silberarbeiten, vornehmlich Brügger Ursprungs, ist die Schatzkammer mehr als ein Kleinod.

Das, was am meisten beeindruckt, ist ein Bildnis aus dem 13. Jahrhundert. Es befindet sich rechts auf dem Altar und zeigt die Liebe Frau der Potterie. Dieses Wunderbild ist eine der ältesten Brügger Madonnen und ohne jeden Zweifel die schönste. Es ist ein typisches Zeugnis der Hochgotik: Eine schlanke, grazile Gestalt mit der charakteristischen S-Form und einem edlen Mienenspiel. Das Bild wurde bereits lange vor dem Jahr 1304 verehrt, dem Jahr der Schlacht auf dem Pevelenberg.

Das Jahr 1304 war das Jahr der „**Brügger Versprechen**". Die Brügger Frauen machten sich Sorgen um den Ausgang des Gefechts. Sie versprachen damals der Lieben Frau der Potterie, jedes Jahr (und das bis in alle Ewigkeit) eine 36 Pfund wiegende Kerze zu opfern, wenn ihre Ehemänner wohlbehalten vom Schlachtfeld heimkehrten. Dies geschah und seitdem wird jedes Jahr am frühen Morgen des 15. Augusts (Mariä Himmelfahrt) diese Kerze mit einem Gewicht von 18 kg geopfert. Die so genannte „**Blindekens-Prozession**" dürfte eine der ältesten Prozessionen Europas sein.

Mühlen auf dem Stadtwall

Entlang der Grachten schlendern wir weiter und gelangen wenig später an den Rand der Stadt – zum **Dampoort (Dammer Tor)**.

Vor der Brücke gehen wir rechts auf die Stadtwälle hinauf, die eine Art ringförmigen Garten um den alten Stadtkern herum bilden. Auf den

Am Rand der Stadt. Links oben führt ein Kanal nach Damme (Ausflug S.128). Am früheren Dammer Tor biegen wir rechts ab und folgen dem Ringkanal in Richtung der Mühlen.

Stadtwällen stehen Windmühlen. Als Marcus Gerards im Jahr 1562 seinen berühmten Stadtplan zeichnete, zählte er noch 25!

Mühlen waren sowohl Privat- als auch Stadteigentum und wurden zum Mahlen von Getreide sowie zum Pressen von Öl usw. genutzt.

Auffällig war, dass die Behörden nach dem Recht der alten Feudalherrschaft als einzige das Recht hatten, die Windenergie zu nutzen. Der Wind war quasi Eigentum der Stadtväter! Auch in Brügge musste die Stadtverwaltung die Erlaubnis erteilen, bevor eine Windmühle gebaut werden durfte. Wenn es dann soweit war, wurde der Betrieb der Mühlen besteuert.

Beinahe alle Mühlen verschwanden in der zweiten Hälfte des 19. Jahrhunderts aus dem Stadtbild. Um die Jahrhundertwende herum waren gerade einmal zwei von ihnen übrig geblieben: die beiden, die un-mittelbar am Kreuztor stehen. Diese werden wir gleich besichtigen. Inzwischen konnte der Mühlenbestand bereits aber wieder um zwei Mühlen erweitert werden.

Die erste Mühle, die wir sehen, ist die „**Nieuwe Koelewei**". Im September 1991 kaufte die Brügger Stadtverwaltung die alte Bosterhoutmühle aus Meulebeke zum Preis eines symbolischen Belgischen Franken (2,5 Cent). Sie wurde auf den Stadtwällen in der Näher der Dampoort aufgestellt.

Bei der nun folgenden Mühle handelt es schon wieder um einen Zugewinn aus jüngster Zeit. „**De Nieuwe Papegaai**" wurde 1970 aufgestellt. Sie stammt aus dem Jahre 1709 und kam aus dem Örtchen Beveren-aan-de-Ijzer (West-Flandern). Dort trug sie noch den Namen „Hoge Seinemolen". Es handelt sich hierbei um eine eher seltene Ölmühle.

Die „Sint-Janshuis-Mühle" ist noch eine von zwei original erhaltenen Brügger Windmühlen, die die Zeit überlebt haben.

Die **Sint-Janshuismolen ist geöffnet** vom 1. Mai bis zum 30. September täglich (außer montags) von 9.30 bis 12.30 und von 13.30 bis 17 Uhr. Für die Mühle gibt es eine gesonderte Eintrittskarte, aber das Ticket für das Volkskundemuseum gilt auch für die Mühle (oder für den Eintritt zum Guido Gezellemuseum).

Die „Sint-Janshuis-Mühle" kann von den Touristen besichtigt werden.

Einige hundert Meter weiter gelangen wir zu einer dritten Mühle, der **„Sint-Janshuismolen** ㉞ **".** Diese Stabmühle wurde 1770 von einem Zusammenschluss von 26 Brügger Bäckern errichtet, daher auch der ursprüngliche Name „Bakkersmolen" oder Sint-Aubertusmolen (Schutzpatron der Bäcker). Im Jahre 1914 gelangte die Mühle in die Hände der Brügger Stadtverwaltung, die beschloss, sie zu erhalten (es sollte aber noch ein halbes Jahrhundert dauern, bis die Mühle wieder mahlen konnte, denn es ist ja hinlänglich bekannt, dass die Mühlen der Bürokratie langsam mahlen).

Lassen Sie uns eben auf den Mühlenhügel hinaufgehen, denn die Aussicht von dort oben lohnt die Mühe. Die Straße gegenüber der Mühle ist die Carmersstraat. Dort befindet sich die Sankt Sebastianusgilde sowie das Englische Kloster.

Schützengilde Sankt Sebastianus ㉟

In dieser Schützengilde, deren Gebäude am schlanken Backsteintürmchen erkennbar ist, wurde mit Handbogen geschossen. Ihre Geschichte geht bis in die Zeit der Kreuzzüge zurück.

Sicher überliefert ist, dass die Vorväter der heutigen Mitglieder einst in der Schlacht der Goldenen Sporen (1302 bei Kortrijk) mitgekämpft haben! Die Sankt Sebastianusgilde ist seit 1573 an diesem Ort ansässig. Das Erscheinungsbild blieb seit dem 16. Jahrhundert nahezu unverändert. Der gesamte Komplex, einschließlich des Gartens, der eine großartige Aussicht auf die Sint-Janshuismühle bietet, strahlt Geschichte, Tradition, Klasse und Atmosphäre aus.

Die Schützengilde erlebte den Höhepunkt ihrer Geschichte im Jahr 1656, als der englische König Karl II. vor

Oliver Cromwell fliehen musste und sich mit seiner Residenz in Brügge niederließ. Der verbannte Fürst war ein besonders aktives Mitglied bei den Brügger Schützen.

Hierdurch besteht noch immer eine enge Verbindung der Sankt Sebastianusgilde zum Britischen Königshaus. Seit Karl II. sind in der Tat alle Mitglieder des britischen Königshauses (bis zum heutigen Tag) auch Mitglieder der Gilde.

Während seines Brügger Exils gründete König Karl II. ein englisches Regiment, dass später unter dem Namen „Grenadier Guards" bekannt werden sollte (die vielfach fotografierten Soldaten mit den schwarzen Bärenfellmützen, die in London vor dem Buckingham Palace die Wache halten).

Ebenfalls vom Hügel der Sint-Janshuismühle aus zu sehen ist das Gebutshaus des Dichters Guido Gezelle.

Großer Festsaal der Schützengilde Sankt Sebastianus. Hier hat sich der englische Fürst Karl II. ganz gerne bei Wein, Weib und Gesang aufgehalten.

Der Zutritt zur **Sankt Sebastianusgilde** *ist kostenpflichtig. Die* **Öffnungszeiten** *sind im Sommer von Di. - Do. 10 - 12 Uhr, Samstag 14-17 Uhr, im Winter von Di. - Do, Sa 14 - 17 Uhr.*

Geburtshaus des Dichters Guido Gezelle ㊱

Er wurde am 1. Mai 1830 in Brügge geboren und wurde einer der bedeutendsten Dichter des niederländischen Sprachraumes. Auch das Sterbehaus des Dichters ist von diesem Ort aus gut erkennbar – nämlich die Kuppel des Englischen Klosters in der Carmersstraat. Dort starb er am 27. November 1899.

Sein Geburtshaus befindet sich demzufolge in der nächsten Straße links. Von klein an entpuppte er sich als besonders begabt, weshalb ihn seine Eltern studieren ließen. Guido wollte Priester werden, obwohl ihm wegen seiner Herkunft aus bescheidenen Verhältnissen von der Geistlichkeit der Rücken zugewandt wurde. Die kirchlichen Würdenträger bevorzugten Lehrlinge aus der reichen (französischsprachigen) Elite. Gezelles Beurteilung bei seiner Immatrikulation als Seminarteilnehmer spricht Bände: „La vocation nous paraît douteuse" (Seine Veranlagung erscheint uns zweifelhaft).

Aber Gezelle gab nicht auf. Er bestand die Prüfung und wurde am 10. Juni 1854 zum Priester geweiht. Einige Jahre später wurde er zum Lehrer „Poesis" im Seminar von Roeselare

Unterhalb der Sint-Janshuismühle: Garten und Geburtshaus des Priesters und Dichters Guido Gezelle.

*Für niederländisch Sprechende kann ein Besuch des **Gezellemuseums** interessant sein. Ein Videofilm erzählt vom Leben und Werk des Dichters. **Öffnungszeiten** von 9.30 bis 12.30 und von 13.30 bis 17 Uhr. Montags geschlossen. Ein Ticket für das Volkskundemuseum ist gleichzeitig für das Gezellemuseum (oder für die Sint-Janshuismühle) gültig.*

Im Guido Gezellemuseum: Arbeitsraum und Schreibtisch des Dichters.

ernannt. Es sollten erfolgreiche Jahre werden. Viele seiner Lehrlinge sollten später eine wichtige Rolle spielen, nicht unwesentlich im flämischen Kampf um die Selbstständigkeit. Guido Gezelle verstand die Kunst, seine Schüler zu begeistern. Er hielt seine Schulstunden auf eine andere Art und Weise und unter Achtung der eigenen Sprache (dem westflämischen Dialekt). In dieser Zeit wurde nämlich versucht, der niederländischen (flämischen) Sprache in Belgien den Nährboden zu entziehen. Der Klerus nutzte seinen großen Einfluss zu Gunsten des französisch sprechenden Bevölkerungsteils, der alles Flämische unterdrückte. Aber Gezelle schwamm gegen den Strom. Er pochte in seinen Klassen auf die eigene Sprache und auf die eigene Identität.

Mein Flandern spricht seine eigene Sprache

Gott gab jedem Land seine eigene

Und, lass sie reich sein, lass sie arm sein:

Sie ist flämisch, und sie ist meine!

Weiter entlang der Stadtwälle sehen wir noch eine vierte Mühle, die „**Bonne-Chiere**". Eine frühere Mühle an diesem Ort musste nach einem heftigen Sturm im Jahre 1904 ersetzt werden. Von der Stadtverwaltung wurde damals derselbe Mühlentyp erworben, der denselben Namen wie sein Vorgänger erhielt: Bonne-Chiere. Der Name verweist auf das gute Leben oder sagen wir auf: „La Dolce vita".

Hinter der Mühle erhebt sich eines der Stadtore, die **Kruispoort (das Kreuztor)**. Es wurde Mitte des 14. Jahrhunderts gebaut und im Jahr 1402 umgebaut.

Gegenüber der Bonne-Chieremühle

Diese Brügger Gilde ist die älteste Armbrustschützengilde des Landes (zumindest eine der ältesten).

Ebenso wie die Sankt Sebastianushat auch die Sankt Jorisgilde einen militärischen Ursprung. Einst waren beide städtische Milizen, die für Recht und Ordnung von Volk, Land, Stadt und Herrscher sorgten (nicht zwangsläufig in dieser Reihenfolge).

Durch die Erfindung des Schießpulvers veränderte sich die Art der Kriegsführung und um das Jahr 1400 ging der militärische Charakter der Gilden verloren. Sie entwickelten sich mehr und mehr zu einer Einrichtung zur Freizeit-

Das Kreuztor aus dem 14. Jh. Im Hintergrund erkennt man die vierte der vier Windmühlen, die „Bonne Chiere" oder „Das Gute Leben".

ist noch eine Schützengilde ansässig, nämlich die von „**Sankt Joris mit dem Stählernen Bogen**", in der noch heute mit Armbrüsten (Kreuzbogen) geschossen wird.

gestaltung.

Wissenswert ist, dass die Armbrustschützen einst in den Bann der Heiligen Kirche geschlagen wurden. Ihre Pfeile konnten nämlich mühelos die

Im Kreuzbogenmuseum: Festsaal des Schützenvereins „Sankt Joris mit dem Stählernen Bogen".

Rüstungen der Ritter durchbohren und das fanden die Opfer recht unsportlich… folglich wurden die damaligen Päpste unter Druck gesetzt, um die Armbrustschützen zu verfluchen. Diese Form von Lobbyismus hat allerdings nichts gebracht. Die Armbrustschützen schossen lustig und munter weiter. Sogar bis heute!

Die „Verloren Hoek" (die verlorene Ecke)

Lassen Sie uns nun von der Sint-Janshuis-Mühle in die Carmersstraat hinabgehen. Dieses Volksviertel wird in Brügge „De Verloren Hoek" genannt. Hier fährt kein Linienbus, hier zieht nie eine Prozession vorbei und eigentlich gibt es hier nicht viel zu erleben. Außer, wenn die Bewohner der Verloren Hoek selber dafür Sorge tragen. Und das tun sie! Die Verloren Hoek ist ein Stadtteil, der noch sehr authentisch und volkstümlich geblieben ist. Hier gibt es keine Residenzen oder Paläste, wie wir sie zu Beginn unserer Wanderung gesehen haben. In den kleinen Häusern schlägt das Herz des Bruggeling. Er hat es nun (glücklicherweise) viel besser als früher, als hier die Armut regierte und man über eine tote Stadt oder von „Bruges la Morte" sprach!

Bruges la Morte?

Im Vorwort dieses Büchleins haben wir bereits über den Roman „Bruges la Morte" von Georges Rodenbach gesprochen. Nun eine kleine Erläuterung dazu, denn das Buch kennt beinahe jeder, aber kaum einer hat es gelesen.

Die Rodenbachs kamen im 18. Jahrhundert aus Andernach am Rhein. Ferdinand Rodenbach war Major-Chirurg der österreichischen Truppen in den Niederlanden. Einer seiner bekanntesten Abkömmlinge war Georges Rodenbach, der am 16. Juli 1855 in Tournai geboren wurde. Als „le petit Georges" vier Monate alt war, zog seine Familie nach Gent. Georges wurde in der besten Tradition der französisch sprechenden Genter Bourgeoisie erzogen und promovierte an der Genter Universität zum Doktor der Rechtswissenschaften.

Seine Anwaltskanzlei war nicht von Erfolg verwöhnt, denn Georges Rodenbach fühlte sich eher im Bereich der Literatur zuhause. Nachdem er einige Gedichte geschrieben hatte, zog er nach Paris. Im Jahre 1892 veröffentlichte er das Buch, das sein bekanntester Roman werden sollte – „Bruges la Morte", ein symbolisches Meisterwerk mit einem grauen Brügge im Hintergund – seinem

Blickfänger, der die Leserschaft neugierig machen sollte.

Die stockkonservativen katholischen Brügger waren alles andere als erfreut über den Stempel, den Rodenbach ihrer Stadt aufdrückte. Die Geistlichen waren über die Geschichte des Witwers geschockt, der sich einer Prostituierten anbiederte, weil sie der Gestalt seiner verstorbenen Frau glich. Am Ende des Buches erwürgte er sie. Sex und Mord im spießig-prüden Brügge!!! Mit den Reaktionen wütender und beunruhigter Brügger können ganze Bücher vollgeschrieben werden. Dennoch wurde das Buch zu einem Bestseller, auch außerhalb von Frankreich. Es wurde in fast alle europäischen Sprachen übersetzt. Des Weiteren wollten viele begeisterte Leser mit eigenen Augen sehen, wie der dekadente Anblick einer verarmten Stadt auf eine so derart negative Art und Weise das Verhaltensmuster seiner Bewohner beeinflussen konnte.

„Bruges la Morte" kurbelte eigentlich langsam aber sicher den Tourismus an (nennen wir es einfach eine Art Katastrophentourismus früherer Jahre).

Dass die Bezeichnung „Bruges la Morte" inzwischen lange überholt ist, konnte jeder Besucher wohl selbst feststellen…

Das Englische Kloster ㊲

Etwas weiter, rechts in der Straße, befindet sich das Englische Kloster, das Gebäude mit der Kuppel. Im Ursprung geht das Kloster auf katholische Augustiner-Schwestern zurück, die aus England geflohen waren, nachdem Heinrich VIII. die englische Staatskirche gegründet hatte. Dies hatte er getan, um sich von seiner ersten Ehefrau scheiden lassen zu können.

Nach einer regelrechten Odyssee

Innenansicht des Englischen Klosters, klein aber fein und stimmungsvoll.

Annaatje van 't Putje (Annalein von dem Brunnen)

Um die Ecke hinter der ersten Straße zur Linken hängt ein schönes Bild, das den Volksglauben verdeutlicht. Eine kleine Kapelle mit einem Kruzifix erinnert an ein Wunder Unserer Lieben Frau der Potterie aus der Mitte des 18. Jahrhunderts. Ein Mädchen, Annaatje, wurde damals von Bösewichten in einen Brunnen geworfen. Aber das Mädchen ertrank nicht, denn Unsere Liebe Frau der Potterie hatte dafür gesorgt, dass das Wasser gefroren war. Annaatje van 't Putje zeigte sich dankbar für diese wundersame Rettung…

kamen die Schwestern schließlich nach Brügge. Im Jahre 1629 bauten sie dort ihr Kloster, „Nazareth", mit der Absicht, englischen Emigranten eine katholische Bildung zu ermöglichen.

Die einzigartige Kuppelkirche ist in spätbarockem und früh-klassizistischem Stil gehalten. Sie wurde zwischen 1736 und 1739 nach einem Entwurf des Brügger Architekten Hendrik Pulinx gebaut. Einst war dies die erste (und sehr lange auch noch die einzige) Kuppelkirche in der Provinz West-Flandern. Während der französischen Herrschaft wurde das Kloster nicht – wie viele andere – aufgelöst, weil die Schwestern dort unterrichteten. Sie erbrachten folglich nützliche Arbeit und durften deshalb bleiben.

Die Kapelle des Englischen Klosters ist besonders stimmungsvoll und eine architektonische Perle. Im hinteren Teil des Gebetsraumes wird ein gemaltes Porträt des Sir Thomas More aufbewahrt. Das Gemälde wurde von Schwester Augustine More aus England mitgebracht. Sie war ein Familienmitglied von Thomas More und achte Äbtissin des Englischen Klosters. Das Porträt ist einzigartig, denn es bestehen gerade einmal zwei Abbildungen dieses berühmten Humanisten.

Wir biegen in die Straße mit der Kapelle von Annaatje van 't Putje ein und biegen dann rechts ab. Zwanzig Meter weiter auf der linken Seite liegt das Volkskundemuseum.

Information

*Das **Englische Kloster** ist täglich geöffnet von 14 - 15.30 und 16.15 - 17.15 Uhr, geschlossen an Sonn- und Feiertagen.*

Museum für Volkskunde ㉘

Das Eckhaus des Brügger Volkskundemuseums ist eine ehemalige Herberge („Guido Gezelle"), die in das Museum als solche integriert ist. Nach einem Besuch des Museums kann man dort ggf. in einer Herberge mit einer volkstümlichen Einrichtung aus dem Jahr 1900 verschnaufen. Neben dem Eckhaus, in der Balstraat, steht eine Reihe von Häusern aus dem 17. Jahrhundert, die einst den Mitgliedern der Schuhmacherzunft vorbehalten waren: Die Stiftung (Godshuis) „De Schoenmakersrente".

Der Hutmacher

Die Schuhmacherwerkstatt

Das Volkskundemuseum zeigt u. a. alte, heute fast ausgestorbene Berufe und ihre Werkstätten.

Der Schneider

Ein altes Klassenzimmer

Information

*Das **Museum für Volkskunde** hat die gleichen **Öffnungszeiten** wie die meisten anderen städtischen Museen: von 9.30 bis 17 Uhr. Montags geschlossen. Ein Ticket für das Museum berechtigt auch zum Eintritt des Gezellemuseums (oder der Sint-Janshuismühle).*

Ansicht vom Innenhof des heutigen Museums für Volkskunde: ein Gemälde von Jacques Le Flaguais (1921-1986).

Jerusalemkirche ㊴

Am Ende der Balstraat befindet sich die Jerusalemkirche, eine absolute Besonderheit! Die Kirche wurde vom reichen Kaufmannsgeschlecht der Familie Adornes gestiftet. Diese Familie kam aus Genua und ließ sich im Jahre 1300 in Brügge nieder. Einer der Abkömmlinge, Anselmus

Interieur der Jerusalemkirche mit dem bemerkenswerten steinernen Altar des 15. Jh.

Information

*Die **Jerusalemkirche** lohnt es sich, zu besuchen. Dafür muss Eintritt entrichtet werden. Dieses Ticket gilt übrigens auch für die **Klöppelschule**. Geöffnet täglich von 10 - 12 und 14 - 18 Uhr. Samstag 10 - 12 und 14- 17 Uhr. Geschlossen an Sonn- und Feiertagen.*

Die Jerusalemkirche wurde im 15. Jahrhundert von der Familie Adornes aus Genua erbaut und ist noch immer die einzige Privatkirche Belgiens.

Adornes, begab sich im Jahr 1470 auf Wallfahrt ins Heilige Land. Nach seiner Rückkehr ließ er seine Kapelle nach dem Modell der Heilig-Grab-Kirche in Jerusalem umbauen.

Der achteckige, orientalisch anmutende Turm ist mit einer rotkupfernen Weltkugel bekrönt, über der ein Malteser Kreuz angebracht ist. Die Jerusalemkirche, einst der private Gebetsort der Familie Adornes, ist bis auf den heutigen Tag immer eine Privatkirche geblieben, die einzige in ganz Belgien!

Blickfang in dieser Diskretion ausstrahlenden Saalkirche ist das Grabmal des Anselmus Adornes und seiner Ehefrau, Margareta van der Banck. Die Glasfenster der Jerusalemkirche stammen aus den Jahren vor 1500. Sie sind die ältesten und wohl auch die schönsten von Brügge. Andere Sehenswürdigkeiten sind der steinerne Altar aus dem Jahr 1435 mit einem einzigartigen Kalvarienberg, einem Sakramentsturm aus dem 16. Jahrhundert (einer der drei, die Brügge besitzt) und einer florentinischen Madonna in Terracotta aus der zweiten Hälfte des 15. Jahrhunderts (eine Luca della Robbia). Unter dem erhöhten Chor befindet sich eine Rekonstruktion des Grabes Jesu Christi.

Neben der Jerusalemkirche wurde das **Brügger Zentrum für Spitzenklöppelei** untergebracht. Dies ist der Teil der letzten Klöppelschule, in der der alte Beruf, der sich inzwischen zum Hobby entwickelt hat, gelehrt wurde. Noch immer werden hier Klöppel-Kurse angeboten.

Neben der Jerusalemkirche ist das Brügger Zentrum für Spitzenklöppelei untergebracht, die letzte Schule ihrer Art. Im armen 19. Jahrhundert zählte die Stadt beinahe 10.000 Spitzenklöpplerinnen.

Spitze in Brügge

Zur Mitte des 19. Jahrhunderts war das Spitzenklöppeln alles andere als nur ein Hobby. Für viele Familien war es die einzige Möglichkeit, um überleben zu können. Damals gab es ungefähr 10.000 Spitzenklöpplerinnen in der Stadt. Sie arbeiteten von morgens früh bis abends spät für einen Hungerlohn. Brügge war wirklich eine verarmte Stadt, in der es keine Industrie gab. Die Stadt hatte damals stark mit Arbeitslosigkeit und Alkoholismus zu kämpfen.

Die Spitzenklöpplerinnen wurden damals an 92 großen und kleinen Klöppelschulen ausgebildet. Diese Zahl war gleichbedeutend mit den Anstrengungen der Pfarrgemeinden und Privatpersonen, um die Mädchen von der Straße fern zu halten. Für viele Brügger Frauen war die Klöppelschule (und der Unterricht zwischendurch, während sie mit Klöppeln beschäftigt waren) oft die einzige Form von Bildung, die ihnen mit auf den Lebensweg gegeben wurde.

Nach dem Zweiten Weltkrieg, als der Lebensstandard sich allmählich verbesserte, verschwanden die Klöppelschulen in Brügge nach und nach von der Bildfläche.

Aber Brügge zehrt noch weiter von seinem Ruf als Spitzenstadt. Zeugen hiervon sind die ungefähr 50 Spitzengeschäfte in der Stadt, die Sie zweifelsfrei während des ersten Rundgangs gesehen haben.

Sankt-Anna-Kirche ⑩

Etwa hundert Meter in der Jeruzalemstraat erhebt sich die Rückseite der Sankt-Anna-Kirche. Achten Sie, während wir zur Vorderseite gehen, besonders auf die Seitenmauern der Kirche. Dort sind noch immer die Spitzbogen der gotischen Fenster sichtbar, die 1657 durch neue Renaissancefenster ersetzt wurden.

Achten Sie auch auf die Metallkralle, die um das Gebäude herum verläuft. Sie wurde angebracht, um die Mauern zu stabilisieren und der Gefahr eines Einsturzes vorzubeugen.

Die Geschichte von Sankt Anna geht auf das Jahr 1497 zurück, als dort eine kleine Kirche zum Behelf der Sint-Kruisgemeinde stand. Eine neue und größere Kirche wurde

Links ein Bildnis der Verehrung: Sankt Anna selbtritt, also Anna (die Mutter von Maria), Maria selbst und das Jesuskind.

*Die **St.-Anna-Kirche** ist seit „Brügge 2002" beinahe immer zugänglich. Von April bis September steht die Kirche jeden Tag für Besucher in der Zeit von 10 bis 12 und 14 bis 17 Uhr kostenlos offen. Sonntags morgens und während der Messen ist die Kirche für Besucher nicht zugänglich.*

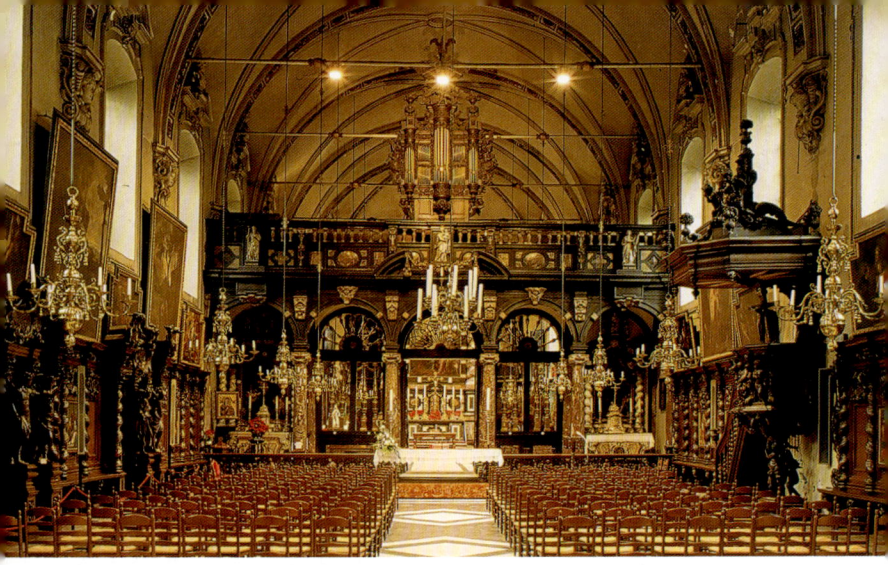

Das Innere der Sankt-Anna-Kirche wartet mit einer herrlichen, barocken Überraschung auf.

kaum vollendet, als sie gegen Ende des 16. Jahrhunderts von den Geuzen vernichtet wurde.

Die dritte Kirche wurde schließlich im Jahr 1621 eingeweiht, dem Jahr, in dem Sankt Anna eine unabhängige Brügger Pfarre geworden war. Es ist ein ziemlich einfaches, einschiffiges Gebäude mit einem rechteckigen Grundriss.

Über dem Kirchenportal steht ein Bild der Heiligen Anna selbtritt. Dem Volksglauben nach besteht das Trio aus der Mutter Anna, Maria und dem Jesuskind. Gehen Sie eben hinein, denn trotz des schlichten Äußeren von Sankt Anna wartet das Innere mit einer herrlichen barocken Überraschung auf. Die eichenhölzernen Vertäfelungen und der viele Marmor schafft ein wundervolles Ganzes. Der monumentale Altar aus dem Jahre 1644 ist das Werk eines Brügger Bildhauermeisters, Cornelis Gaillaert. Das Gemälde oberhalb des Altars, „Die Belehrung Mariens", wurde hundert Jahre später vom Rococo-Maler Jan Garemijn geschaffen, der auch die Landschaft auf der Seite des Altars schuf.

An der Rückseite befindet sich „Das jüngste Gericht", das mit einer Fläche von 100 m^2 das größte Gemälde von Brügge ist.

Achten Sie beim Hinausgehen auf die Taufkapelle rechts, in der im Jahre 1830 Guido Gezelle getauft wurde. Daneben steht eine „Tafelbank" (mit eleganten Karyatiden), an der jeden Sonntag Brote an die arme Bevölkerung ausgeteilt wurden. Natürlich geschah dies erst nach der Messe, denn vor dem Essen stand das Gebet (ungeachtet ihrer reichen Ausstattung blieb Sankt Anna noch lange die Pfarre der Armen).

Ehemaliges Jesuitenkloster

Beim Verlassen der Sankt-Anna-Kirche gehen wir weiter geradeaus bis zur gegenüberliegenden Seite der Gracht. Ein imposantes Gebäude verlangt förmlich nach unserer Beachtung. Es ist das ehemalige Seminar der Jesuiten, die sich 1571 in Brügge niederließen. Sie blieben fast zwei Jahrhunderte lang hier, bis dieser religiöse Orden im Jahre 1772 aufgelöst wurde. Die Präsenz der Jesuiten in dieser Stadt ging nicht unbemerkt vorbei, denn sie bauten hier die Sankt-Walburga-Kirche (an der wir nachher noch vorbeikommen) sowie ein Kloster und ein Seminar, von dem wir hier die Rückfront sehen.

In den leer stehenden Gebäuden des Jesuitenseminars sollte um das Jahr 1830 herum das Königliche Athenäum untergebracht werden (ein humanistisches Gymnasium). Danach wurden die Gebäude ungefähr 20 Jahre lang ihrem Schicksal überlassen, bis sie vom Europa College erworben wurden, das sich immer weiter in der Stadt ausbreitet. Alle Gebäude werden gemäß ihrer neuen Bestimmung restauriert.

Sint-Annarei (Sankt Annakanal)

Brügges schönste Rococofassade befindet sich an der Ecke der Sint-Annarei und der Blekersstraat, **Sint-Annarei 22.** Mit dem Bau wurde im Jahre 1709 begonnen. Dieses stolze Herrenhaus war die Kulisse einiger bekannter Filme. Unter anderem war es Drehort von „Die Geschichte einer Nonne", einem Film des Regisseurs Fred Zinneman mit Audrey Hepburn als Schwester Luc, die im Jahre 1957 für diese Rolle einen Oskar bekam.

Neben der Kulisse von „Die Geschichte einer Nonne", gegenüber der Brücke, beginnt die Blekersstraat. Ungefähr 30 Meter weiter befindet sich **Brügges älteste Herberge**. Sie trägt den Namen „**Vlissingen**" und stammt tatsächlich aus dem Jahre 1515. Selbstverständlich gibt es hier nur freien Eintritt bei Verzehr, denn es ist bis heute eine Kneipe geblieben. Dennoch ist es herrlich, in dieser Gaststätte mit ihrer Einrichtung aus dem 17. Jahrhundert eben Halt zu machen.

Brügge zählt viele gemütliche und typische Kneipen. Hunger und Durst muss niemand leiden!

Jan van Eyckplein ④

Ob mit oder ohne Verschnaufpause sieht man von der Brücke aus im Hintergrund den Jan van Eyck-plein. Diese Aussicht war während des Mittelalters das erste Bild, das sich den Besuchern von Brügge bot, wenn sie mit ihrem Boot vom Zwin aus in die Stadt hinein fuhren. Er muss bei den Besuchern einen ähnlichen Eindruck hinterlassen haben wie die Freiheitsstatue von New York oder die Kreidefelsen

Über die Kanäle fuhren die Boote im Mittelalter bis zum Marktplatz. Am Jan van Eyckplein mussten sie Halt machen, um Zoll zu bezahlen.

von Dover.
Wir setzen unseren Stadtrundgang entlang der Spinolarei fort. Die nun folgende Brücke ist die **Konings-brug** (also die Königsbrücke). Las- sen Sie uns an dieser Brücke eben in die Straße links von uns einbiegen, in der uns nach 100 Metern schon wieder eine Überraschung erwartet. Die Sankt-Walburga-Kirche.

Sankt-Walburga-Kirche ㊷

Der Platz vor der Kirche hätte ruhig ein wenig ausgedehnter sein können, so dass der überwältigende Anblick der Fassade voll zu seiner Geltung hätte kommen können. Es ist die Kirche von einer der ältesten Pfarrgemeinden Brügges, obwohl die erste Sankt-Walburga-Kirche an einem anderen Ort, etwas weiter weg von hier stand. Von dieser – im 18. Jahrhundert zerstörten – Kirche ist nichts mehr übrig geblieben.

Lange davor, im Jahr 1619, wurde der Grundstein für eine Jesuitenkirche gelegt, bei der man sich von der Gesùkirche in Rom inspirieren ließ. Architekt war der Brügger Bruder Pieter Huyssens, der Mann des so genannten Jesuitenstils. Er zeichnete auch die Pläne der Genter Sankt-Peters-Kirche und der Karl-Borromäus-Kirche von Antwerpen.

Hoch über den Dächern dominiert die Sankt-Walburga-Kirche die ganze Umgebung. Die Kirche wurde von den Jesuiten erbaut, Mitte des 17. Jh.

*Die **Sankt-Walburga-Kirche** ist von April bis September von 10 bis 12 und 14 bis 17 Uhr (So. nur 14 bis 17 Uhr) kostenlos geöffnet. In dieser Zeit findet täglich (außer Mittwoch) um 20 Uhr das Orgelkonzert „Licht und Musik" statt.*

Die Brügger Jesuitenkirche war die erste Kirche, die dem Jesuitenheiligen Franziskus Xaverius geweiht wurde, dessen Statue die Fassade ziert.

Die Xaveriuskirche blieb Gotteshaus der Jesuiten, bis der Orden im Jahr 1772 aufgelöst wurde. Das leer stehende Gebäude wurde unmittelbar als eine Gabe Gottes für die Mitglieder der Pfarre und für die Anwohner der baufällig gewordenen Walburgakirche betrachtet. Sie nahmen die Kirche in tiefer Dankbarkeit an und nutzten sie seit dem 11. Januar 1779 für ihre Gottesdienste.

Bis zu diesem Punkt mussten wir beinahe bei jedem Brügger Gotteshaus anführen, dass dort eine Vermischung der einzelnen Stile stattgefunden hat. Romanische Kirchen wurden meistens gotisch umgebaut, manchmal mit Renaissancefenstern versehen und mit Barockmobiliar ausgestattet. Dazu kommen in der Regel noch neogotische Elemente. Und nun Sankt Walburga… Ausnahmen bestätigen die Regel.

Es ist ein helles Kirchengebäude, harmonisch und (gemessen an sonstigen Barockkirchen) ziemlich schlicht. Der Kirchenraum zeichnet sich durch seine saubere Gliederung aus, der weniger die barocke Überschwänglichkeit, sondern ein eher ruhiges Selbstbewusstsein ausstrahlt. Das Innere vermittelt mit einer auffallenden stilistischen Einheit einen besonders geschmackvollen Eindruck. Das Gemälde über dem Hauptaltar, „Die Auferstehung Christi", ist ein klassizistisches Werk des

Der Hauptaltar der Sankt-Walburga-Kirche zeigt „Die Auferstehung Christi", gemalt von Josef Suvée.

Brüggers Josef Suvée.

Bemerkenswert: Dort wo der Klassizismus sich in der Regel beherrscht zeigt – manchmal sogar etwas unterkühlt –, entfaltet der Klassiker Josef Suvée hier - in einer Szene voll wirbelnder Bewegung - ausgelassen seine barocke Vorstellung des auferstandenen Christus.

Noch ein Wort zur barocken Kanzel - ohne jeglichen Zweifel die schönste der Stadt! Es ist ein Meisterwerk eines Antwerpener Künstlers, Artus Quellinus d. J.

Eine Frauenfigur unterhalb versinnbildlicht „Het Geloof" (den Glauben). Eine doppelte Treppe mit einem prächtig von Skulpturen gesäumten Geländer führt nach oben.

Der helle und stimmungsvolle Raum der Sankt-Walburga-Kirche symbolisiert die Auflehnung der Kirche im 16. Jahrhundert (während der Gegenreformation).

Der muschelförmige Schalldeckel wird von schwebenden Engeln getragen.

Eine liebevolle Restaurierung des Inneren von 1979-80 sorgte dafür, dass Sankt Walburga zu einer religiösen und kulturellen Perle in Brügges Krone wurde. Was noch dazu beiträgt, ist etwas, das man nicht sehen kann, wohl aber hören. Das Gebäude verfügt nämlich über eine hervorragende Akustik. Folglich finden in dieser Kirche auch regelmäßig Konzerte statt. Einen festen Platz nehmen inzwischen die sommerlichen Orgelkonzerte (Licht en klank in de Sint-Walburga) am Freitagabend ein.

Poortersloge ④③ (Bürgerhaus)

Wir laufen nun auf unserem Weg zurück zur Koningsbrug und biegen an der Gracht links ab. So kommen wir zum Jan Van Eyckplein, auf dem ein Denkmal dieses Malers aus dem 15. Jahrhundert steht. Das Gebäude mit dem Türmchen auf dem Platz ist die Poortersloge, in der im Mittelalter das Brügger Bürgertum zusammenkam. Später war dort die städtische Akademie heimisch. Bis 2006 ist hier das Stadtarchiv untergebracht." Wer nach 2006 hier einzieht, ist noch nicht bekannt..

Für das Jahr 2002 (Brügge Kulturhauptstadt Europas) wurde von einer Brügger Fachschule eine Rekonstruktion eines mittelalterlichen Krans gefertigt. Dieser Kran steht jetzt an einem neuen Platz in Brügge, in der Nähe des Dammtores.

Tolhuis und Pyndershuis (Zollhaus und Zunfthaus)

Das große Gebäude mit der aufstrebenden Fassade ist das Tolhuis (Zollhaus) aus dem Jahre 1477. Einfahrende Schiffe mussten hier Halt machen und Zoll entrichten. Früher floss die der Herren von Luxemburg, denen das Recht vorbehalten war, Zoll zu erheben.

Der schmale Giebel, rechts vom Tolhuis, stammt aus dem Jahre 1470 und war einst das Zunfthaus der Hafenarbeiter. Über die Academiestraat gelangen wir zum Theaterplatz. Dieser Platz

In der Bildmitte ist das mittelalterliche Zollhaus mit dem Wappen der Herren von Luxemburg, Mitglieder im Orden des Goldenen Fließes, zu erkennen.

Jan van Eyck, Künstler des 15. Jh., war der erste der Flämischen Primitiven.

Reie nämlich weiter bis zum Markt und zur dortigen Waterhalle. Das Portal links von der Fassade, oberhalb der Treppe, trägt das Wappenschild besteht nicht wirklich, denn es handelt sich hierbei lediglich um die an dieser Stelle viel breitere Vlamingstraat. Hier befand sich einst das Hansequartier.

Ein Wort zur Hanse ...

Die Hanse war eine Vereinigung von Kaufleuten, die sich zum Ziel gesetzt hatten, ihre eigenen Interessen zu wahren (und ihren Gewinn zu steigern). Wer über die Hanse spricht, meint in der Regel die „Deutsche Hanse", aber es gab zum Beispiel auch eine „Flämische Hanse" in London.

Die Deutsche Hanse entstand in Westfalen und am Niederrhein. Nach einiger Zeit aber sollte Lübeck die Hauptrolle einnehmen. Als die Deutsche Hanse auf ihrem Höhepunkt war, gehörten ihr etwa 200 Städte an, von denen 70 Hauptstädte waren. Es gab vier offizielle Handelsvertretungen mit einem Hauptsitz: Novgorod in Russland, Bergen in Norwegen, London in Groß-Britannien und… Brügge in Flandern. Dieses Brügge fungierte als Drehscheibe zwischen Ost und West sowie zwischen Nord- und Südeuropa (letzteres war besonders durch den Schiffsverkehr von und zum Mittelmeer bedingt).

Genueser, Venezianische und Florentinische Loge ㊹

Das Haus mit dem Glockengiebel an der gegenüberliegenden Seite der Straße ist die „Genueser Loge", das Nationenhaus der Genueser. Es ist eine der ältesten Fassaden der Stadt: Sie stammt aus dem Jahr 1399, wur-

Im hanseatischen Viertel von Brügge wurde damals die erste Börse abgehalten.

Am „Oosterlingenplaats" (Platz der Osterlingen oder Deutschen) steht eine Statue von Hans Memling, geboren in Seligenstadt am Main.

de aber zu Beginn des 18. Jahrhunderts im oberen Teil „etwas" modernisiert. Oberhalb des Eingangs kämpft der Schützheilige Genuas, der Heilige Georg, gegen den Drachen. Für Passanten ist das Interiör des ältesten Privathauses Brügges schon interessant und sehenswert, desweiteren beherbergt es (seit Mai 2008) ein Museum über eine ganz besondere belgische Spezialität: die Pommes Frites! Der Ursprung und die Geschichte der Kartoffeln werden gezeigt und auch das Probieren, wie lecker die belgischen Pommes Frites eigentlich sind, ist möglich. Schauen wir nach rechts, dort wo

die Vlamingstraat weiter verläuft. Dort sind zwei Eckhäuser zu sehen. Das linke der beiden ist die „Florentinische Loge", das rechte die „Venezianische Loge". Von diesen zwei wichtigen Orten des internationalen Handels ist leider wenig übrig geblieben. Die moderne Fassade des ersten erinnert nur vage an das Statussymbol von Venedig. Vom Haus der Florentiner blieben einzig noch die Außenmauern (15. Jahrhundert) des Gebäudes erhalten, die allerdings stark restauriert wurden.

Haus Van der Beurze

Dieses Haus ist wichtig! Inmitten der ganzen ausländischen Handelsvertretungen wohnte die Brügger Familie Van der Beurze (sprich: van der Böhrse). Sie betrieb eine bedeutende Herberge im mittelalterlichen Brügge. Van der Beurze war zugleich Makler und sogar eine unersetzliche Schlüsselfigur im Außenhandel. Er bot fremden Kaufleuten eine Unterkunft an, stellte Lagerflächen für ihre Güter bereit, trat als Vermittler auf und vertrat manchmal seinen Kunden bei Abwesenheit. Bei Handelsabschlüssen konnte er sogar finanziell mit zur Verantwortung gezogen werden.

Das Haus der Familie Van der Beurze zeigt eine hohe gotische Fassade aus der Mitte des 15. Jahrhunderts. Vor dem Haus kamen Brügger und fremde Kaufleute zusammen, um dort ihre Finanzgeschäfte abzuwickeln. So wurde der Name des Brüggers Van der Beurze langsam zum Synonym für „Börse". Sein Name ist quasi in ganz Europa zum Sinnbild für den Geldhandel geworden: „bourse" im Französischen, „beurs" im Niederländischen, „borsa" im Italienischen und „bolsa" im Spanischen, „börs" im Schwedischen und „birsja" im Russischen. Sogar im Englischen wird noch immer von „the ivory burse" (Elfenbeinbörse) gesprochen.

Links das Haus der Familie „Van der Beurze", derer Name als Synonym für den Geldhandel übernommen wurde. Rechts eine Rekonstruktion des „Hauses von Venedig".

Der „Hof Bladelin" ④⑤

Ein kleiner Rat zu einem kurzen Abstecher von einigen hundert Metern. Zwischen dem Haus von Genua und dem Haus Van der Beurze können wir die Grauwwerkersstraat geradeaus weitergehen und dann in die zweite Straße nach links einbiegen, die Naaldenstraat. Gegenüber der ersten Straße links erhebt sich ein Gebäude, das von einem Türmchen überragt wird - der „Hof Bladelin".
Diese Wohnung wurde zwischen 1435 und 1440 von Pieter Bladelin, Ratgeber und Besitzverwalter des Herzogs Philipp des Guten, gebaut.

Er war auch Schatzmeister des Ordens vom Goldenen Vlies! Oberhalb des Eingangstores befindet sich seit 1893 eine reich verzierte neo-gotische Nische, in der diese bedeutende Brügger Persönlichkeit, vor einer Madonna kniend, abgebildet ist.
Der Hof Bladelin wurde später von der florentinischen Bankiersfamilie der Medici gekauft, die die wichtigsten Geldgeber der Herzöge von Burgund waren. Ihr Vertreter in Brügge, Tommasso Portinari, richtete hier eine Bankfiliale ein. Nach häufigem Besitzerwechsel ist der Hof Bladelin heutzutage zu einem Kloster und Seniorenheim

Eine neugotische Abbildung von Pieter Bladelin findet man in der Naaldenstraat über dem Eingangstor des gleichnamigen Hofes.

umfunktioniert worden. Der bemerkenswerte Garten kann sogar besucht werden.

Dazu genügt es, an der Tür zu schellen. Sie müssen der Schwester vom Dienst nur sagen, dass Sie eben den Garten sehen wollen, dann dürfte es kein Problem sein. Vom Garten aus hat man einen einzigartigen Blick auf das Türmchen des Hauses aber auch auf zwei einzigartige Renaissance-Medaillons oberhalb der Galerie: links Lorenzo „El Magnifico" de Medici und rechts daneben seine Ehefrau, Clarice Orsini.

Nach diesem Kurzbesuch gehen wir zurück in Richtung Stadttheater.

Städtisches Theater ㊻

Zur Mitte des 19. Jahrhunderts wollte ein aufstrebender Brügger Bürgermeister der völlig verarmten Stadt zu einem zweiten Frühling verhelfen. Ein komplettes mittelalterliches Viertel mit einem Wirrwarr von Gassen musste für dieses Prestige-Objekt dran glauben. Brügge sollte wie Brüssel, Antwerpen und Gent auch ein Schauspielhaus bekommen! 1864 begann der Brüsseler Architekt Gustave Saintenoy mit dem Bau dieses Theaters. Stilmerkmale

Vor dem Haupteingang des Stadttheaters steht die Figur von Papageno, dem Vogelhändler aus der Oper „Die Zauberflöte". (Skulptur von Jef Claerhout)

Das Stadttheater wurde in der 2. Hälfte des 19. Jahrhunderts erbaut und am Anfang sicher nicht von allen geliebt. Es wurde höhnisch „Pralinendose" genannt.

der Renaissance und des Ludwig XVI.-Stils wurden lustig und munter miteinander zu einem eklektizistischen Gesamtbild vermischt. Es passte vor allem zum Geschmack des Bürgertums, während der Mann auf der Straße das Gebäude mit einem Kopfschütteln sah. Über ein Jahrhundert später wird das Theater immer noch Bonbonnière oder Pralinendose genannt.

Aber die Zeit heilt alle Wunden! Das Brügger Schauspielhaus muss nämlich als ein Produkt seiner Zeit gesehen werden. Nach all den Jahren ist das Gebäude sogar „schön" geworden und verkörpert „die gute alte Zeit". Achten Sie einmal auf den Torbogen der Hauptfassade, an dem die Kutschen vorfahren konnten, um die Kulturfreunde im Trockenen aussteigen zu lassen.

Insbesondere im Innern wähnt der Besucher sich in der Größe des 19. Jahrhunderts zurück.

Dort sind viel Plüsch und Samt, überladen wirkende Verzierungen mit Engeln und viel Blattgold zu sehen. Das scheint dazu zu gehören. Wie dem auch sei; die einst so schlecht geredete Bonbonnière ist gegenwärtig eines der besterhaltenen Theater Europas.

Einige Restaurierungen brachten die Atmosphäre von früher zurück, und Maßnahmen in Bezug auf Sicherheit, Klang und Beleuchtung wurden unauffällig ausgeführt.

Das Theater ist normalerweise nicht für Besucher geöffnet. Im Falle von Aufführungen ist es natürlich sehr wohl offen. Es lohnt sich also, sich während des Aufenthaltes in Brügge zu informieren, was man dort unternehmen kann. Vielleicht gibt es ja gerade etwas, was Ihnen gefällt, so dass Sie zwei Fliegen mit einer Klappe schlagen können.

Gegenüber dem Theater führt die St. Janstraße zum St. Jansplatz. Dort befinden sich zwei neue Museen Brügges: die "Schoko-Story" und "Lumina Domestica" (47).

Alles rund um die Schokolade und ihre Herstellung erfährt man in der „Schoko-Story".

Lumina Domestica, die grösste private Kollektion Lampen der Welt.

In einem restaurierten Gebäude aus dem 15. Jh. wird - auch mit Hilfe einer täglichen Vorführung - die „Geschichte der Schokolade" erzählt. Tatsächlich gibt es heute noch ca. 50 Schokoladengeschäfte in der Stadt. Das Haus neben der Schoko-Story zeigt die grösste private Lampenkollektion der Welt: über 6000 Stück! (selber Eingang wie Schoko-Story) In der Ausstellung "Lumina Domestica" kan man sehen, wie sich die Beleuchtung im Hause in etwa 400.000 Jahren entwickelt hat.

Zurück am Theater sind wir nun am Ende unseres Rundganges angelangt. Wir befinden uns nun einige Schritte vom Markt entfernt. Von der Vlamingstraat aus wird deutlich sichtbar, wie der Turm des Belfriedes fast einen Meter nach links überhängt.

Schoko-Story und Lumina Domestica (selber Eingang):
täglich geöffnet von 10-17 Uhr. Tel. 050/612237,
www.choco-story.be · www.luminadomestica.be

Zurück am Marktplatz. Wer wenig Zeit zur Verfügung hat, kann beide Rundgänge in etwa einer Stunde mit den kleinen Stadtbussen zurücklegen.

Schlussbemerkung

Denken Sie nun nicht, dass Sie Brügge durch und durch kennen. Wer von unserem Weg abweicht, wird zweifelsfrei merken, dass es noch so viel mehr zu sehen gibt. Welche Seitenstraße man auch nimmt, es gibt immer noch eine Überraschung. Brügge kennt man nun einmal nie ganz. Das Wichtigste bleibt schließlich die besondere Atmosphäre einer Stadt, in die der Besucher immer wieder gerne zurückkehrt.

Zum guten Schluss möchte ich mich noch kurz entschuldigen. Vor allem,

weil ich noch viel mehr hätte erzählen können; aber das würde nun mal den Rahmen dieses Buches sprengen. Des Weiteren bemerke ich nun, dass ich mich ab und an etwas zu chauvinistisch gegeben habe. Tja, ich gebe es direkt zu, aber ich habe dafür eine gute Entschuldigung: Ich bin nun einmal stolz auf meine Stadt und ich trage sie in meinem Herzen.

Jeder Bruggeling wird dazu sagen: „Zurecht!" Obwohl Sie es wahrscheinlich nun auch so sehen, da sie die Stadt ja nun besser kennen und lieben gelernt haben.

Denkmalschutz in Brügge

Viele haben ein wenig dazu beigetragen, dass Brügge das ist, was es heute ist. Ganze Giebel, Fassaden und Häuser haben sie zu Brügge „beigetragen". Ein früher Appell zum Denkmalschutz ging vom Brügge-Nürnberg-Komitee aus, welches gegen Ende des 19. Jahrhunderts auf Betreiben von König Leopold II. ins Leben gerufen wurde. Ungefähr gleichzeitig entstanden noch die „Freunde von Brügge" (Les Amis de Bruges), die sich zum Ziel gesetzt hatten, alte, typische Häuser anzukaufen, um sie vor der Abrissbirne zu retten und zu restaurieren.

Aber unter den vielen Strömungen, die in der jüngeren Vergangenheit Einfluss auf das heutige Stadtbild genommen haben, nimmt die „Marcus Gerardsstiftung" eine Ausnahmestellung ein.

Marcus Gerards war ein Maler, der 1562 im Auftrag der Stadtverwaltung einen besonders detaillierten Stadtplan von Brügge zeichnete, bis heute eine unschätzbare Quelle über die Baugeschichte der Stadt. Es begann, als Andries Van den Abeele im lokalen Wochenblatt (Ausgabe Oktober 1965) anmerkte, dass in Brügge viele wertvolle Gebäude einem unbändigen und unkontrollierten Drang nach Modernisierung zum Opfer fielen.

Er hielt ein flammendes Plädoyer, in dem er sich für die Gründung eines Komitees zur Sanierung der Stadt einsetzte, und das brachte den Stein ins Rollen. Gegen Ende dieses Monats noch gipfelte eine Lawine der Begeisterung in der „Marcus Gerardsstiftung".

Ihr Ziel: Erhalt, Schutz und Restaurierung der kleinen Monumente. Mit anderen Worten:

Die Bewohnbarkeit alter Häuser sollte verbessert werden, indem man sie aufkaufte, restaurierte und wiederverkaufte. Die „Marcus Gerardsstiftung" wuchs zu einer Organisation, die zur Sensibilisierung der Brügger instrumentalisiert wurde. Wichtig war auch, dass die Verantwortlichen der Stiftung über die nötigen Kontakte verfügten und für eine nachhaltige und fruchtbare Zusammenarbeit mit den Behörden diplomatisch genug waren.

Langsam vollzog sich auf allen Ebenen eine grundlegende Veränderung im Denkprozess. Der (neue) Brügger Bürgermeister, Michel Van Maele, rief im Jahr 1971 ein „Städtisches Amt für Denkmalschutz und Stadtkernerneuerung" ins Leben. Es wurde ein Strukturplan erarbeitet, der Eckpunkte und Grundzüge für die künftige Städtebaupolitik beinhaltete. Und… Andries Van den Abeele von der „Marcus Gerardsstiftung" wurde zum Dezernenten der Stadtverwaltung für diesen Bereich gewählt. Damit kam die Zusammenarbeit Privatinitiative-Behörde natürlich erst recht in schnelleres Fahrwasser.

Gegenwärtig werden die Aufgaben der „Marcus Gerardsstiftung" von einer städtischen Behörde ausge-

Ein gelungenes Beispiel für einen funktionierenden Denkmalschutz: Die Renaissancefassade der Alten Kanzlei (16. Jh.) wurde für das Jahr 2002 prächtig in den Originalfarben restauriert und verbreitet somit wieder ihre frühere Pracht.

führt. Die Vereinigung an sich gibt es eigentlich nur noch auf dem Papier. Das soll ihre Verdienste in den vergangenen Jahrzehnten aber keineswegs schmälern.

Der gute Geist dieser Stiftung lebt auf jeden Fall in den Köpfen weiter. In den vergangenen Jahren leistete zum Beispiel Bürgermeister Frank Van Acker ausgezeichnete Arbeit. Er war ein Mann mit Visionen. Auf sein Betreiben hin wurde die Stadt weiter verschönert. Während seiner Amtszeit erhielt Brügge einen neuen Verkehrswegeplan, der König Auto ungefähr 80.000 m^2 Verkehrsfläche unter den Rädern wegnahm. Er ließ die Asphaltstraßen wieder mit dem Kopfsteinpflaster von damals auslegen. Er machte aus Brügge eine Garten- und Blumenstadt. Er hielt die Reisebusse der Touristen aus dem Zentrum fern und verringerte den Autoverkehr durch Anlegen großer Parkmöglichkeiten am Rand der Stadt. Diese Vision des – leider zu früh verstorbenen - Bürgermeisters wird noch stets weiter verfolgt.

Ein sehenswerter Ausflug nach Damme

Etwa fünf Kilometer entfernt, zwischen Brügge und der früheren Mündung des Meeresarms Zwin, liegt Damme. Bereits im 12. Jahrhundert war das Städtchen zu einem wichtigen Vorhafen von Brügge aufgestiegen. Schiffe, die auf dem Zwin fuhren und nicht weiter konnten, mussten hier ihre Ladung auf Schiffe mit einem geringeren Tiefgang (Plattböden) umladen. Auf diesem Weg erreichten die Waren dann die mittelalterliche Metropole.

Der Niedergang von Brügge zog Damme mit ins Unglück. Die Stadt von damals schlief ein und ist seit Jahrhunderten eigentlich nicht mehr als ein Dorf. Dennoch bleibt ein Ausflug von Brügge nach Damme ein echter Tipp.

Wie kommt man von Brügge nach Damme?

Zu Fuß:

Von Brügge nach Damme braucht man zu Fuß nicht mehr als eine gute Stunde. Bei schönem Wetter kann man dies ruhig auch „mal eben" machen. Am besten geht man am linken Ufer des Kanals entlang, weil dort so gut wie keine Autos fahren.

Mit dem Boot:

Die vielleicht schönste Art und Weise, nach Damme zu kommen, ist mit dem Boot, das auf dem Kanal nach Brügge hin und zurück pendelt. Um zum Bootsablegeplatz zu gelangen, fahren Sie auch mit Buslinie 4 „Gistfabriek". Ab Brügge (Damse Vaart) legt das Boot zu folgenden Zeiten ab: 10, 12, 14, 16.20 und 18 Uhr. Die Rückfahrt von Damme aus kann um 9.15, 11, 13, 15 und 17.20 Uhr erfolgen. Die Fahrtzeit beträgt ungefähr 35 Minuten. Der Raddampfer verkehrt auf dieser Strecke von April bis Ende September.

Mit dem Fahrrad:

Wer irgendwo in Brügge ein Fahrrad mietet, kann natürlich auch nach Damme radeln. Auch hierfür ist es empfehlenswert, an der linken Seite des Kanals entlangzufahren.

Mit dem Bus:

Von April bis September fährt vom Markt aus ein „City Bus" nach Damme. An Bord erhält man Informationen über Kopfhörer. Abfahrtszeiten (unter Vorbehalt): 14 und 16 Uhr. Die Tour nach Damme und Umgebung dauert gut zwei Stunden. Die Rückfahrt erfolgt mit dem Boot ab Damme.

Tourist-Information · *Jacob van Maerlantstraat 3 · 8340 Damme*
www.toerismedamme.be · E-Mail: toerisme@damme.be
*Tel. +32 050-288610 · **Öffnungszeiten:** Mo. - Fr. 9 - 12 und 14 - 17 Uhr,*
(vom 16.4. - 15.10. bis 18 Uhr) am Wochenende von 14 - 17 Uhr.

1. Rathaus 2. Statue Jacob Van Maerlant 3. Patrizierhaus „De Grote Sterre" 4. Haus Sint Jan 5. Schleuse der Lieve 6. Heringsmarkt 7. Kasematten 8. St.-Jans-Hospital 9. Liebfrauentor 10. Liebfrauenkirche 11. Eulenspiegelgedenkstein 12. Museum Charles Delporte 13. Eulenspiegeldenkmal 14. Kaimauern 15. St.-Kristoffel-Hof 16. Schellemühle 17. Naturreservat 18. Alter Stadtwall

Mit dem Auto:

Wählen Sie die rechte Seite des Kanals und lassen Sie das Auto, kurz bevor Sie das Städtchen erreichen, auf dem Parkplatz stehen. Vom Parkplatz aus zum Markt sind es nur ein paar hundert Meter zu Fuß.

Mit dem Linienbus:

Dieser Bus fährt am Markt um 9.35, 11.35, 13.35, 14.35, 15.35 und 17.35 Uhr ab. Rückfahrt ab Damme (Markt) um 9.55, 11.55, 13.55, 14.55, 15.55 und 17.55 Uhr.

Selbstverständlich sind auch verschiedene Kombinationen möglich.

Ein paar Worte zu Damme

An dem Ort wurde damals das Zwin eingedeicht, um den Landstrich vor Überflutungen durch die Nordsee zu schützen. Friesische Gastarbeiter plagten sich damit. Seit den frühen Jahren des Mittelalters hatten sie sich einen hervorragenden Ruf in Sachen Deichbau erarbeitet (die friesischen Gastarbeiter müssen auch eine gehörige Lust am Essen gehabt haben, denn bis heute leben sie mit einer Redensart im Brügger Dialekt weiter: Essen wie ein Deichbauer „Eten als een dykedelver").

An dem Ort, an dem sie einen Damm aufwarfen, entstand… „Damme". Der erste Name des Städtchens lautete eigentlich „Hondsdamme" oder „de dam aan de honde" (der Damm an der Mündung). Diese prosaische – aber vermutlich richtige Erklärung – ist weniger amüsant als die Legende, die von der Entstehung des Städtchens erzählt. Die friesischen Deicharbeiter schienen unglaublich viel Mühe damit zu haben, eine bestimmte Bresche im Damm zu dichten. Es schien, als würde ein böser Geist immer wieder aufs Neue Wasser durch den Deich brechen lassen. Die abergläubischen Kerle schoben die Schuld auf einen großen schwarzen Hund, der in der Umgebung herumstreunte. Sie fingen das Tier und warfen es in die Bresche. Und, in der Tat, seitdem hielt der Damm!

Aber derselbe schwarze Hund treibt bis auf den heutigen Tag noch immer sein Unwesen auf dem Wappenschild von Damme (oder früher „Hundsdamme").

Damme erhielt sehr früh Stadtrechte. Bereits 1180 verlieh der damalige Graf von Flandern, Philipp vom Elsass, Damme den Status einer unabhängigen Stadt, obwohl diese in Sachen Wirtschaft und Rechtswesen weiter vom benachbarten Brügge abhängig blieb. Damme erlebte seine größte Blüte im 13. Jahrhundert. Zu dieser Zeit war es die größte Speicherstadt für Hering und Wein.

Der Niedergang von Damme erfolgte beinahe zeitgleich mit dem von Brügge, also ab dem Ende des 15.

Jahrhunderts. Im 17. Jahrhundert gab es eine kleine wirtschaftliche Wiederbelebung. Dies hatte mit der Herrschaft der Erzherzöge Albrecht und Isabella zu tun, die die Stadt zu einer Festungs- und Garnisonsstadt erweiterten.

Von oben betrachtet ist die sternförmige Festung, die von Simon Stevin (Brügger Mathematiker) und Vauban ausgeklügelt wurde, noch immer in den Konturen der Landschaft sichtbar, obwohl die Festungsmauern am Ende des 18. Jahrhunderts entmantelt und verkauft wurden.

Der Damse Vaart (Dammer Kanal)

Der eigentliche Name des Kanals, der Brügge mit Damme verbindet,

Die reizende, romantische Bootsfahrt von ca. 5 km ist beinahe zu Ende. Das Boot „Lamme Goedzak" (Freund des Eulenspiegels) wird bald in Damme anlegen – damals Vorhafen von Brügge.

ist Napoleonkanal. Er wurde in der Tat ab 1810 auf Befehl des französischen Kaisers von spanischen Kriegsgefangenen ausgehoben. Seine Absicht war es, auf diesem Weg Brügge mit der Schelde zu verbinden, um über diesen Weg die englische Blockade des Festlandes umschiffen zu können. Aber die Arbeiten an dieser Wasserstraße konnten lediglich bis zum Ort Hoeke (kurz hinter Damme) ausgeführt werden. Denn zu dieser Zeit erlebte Napoleon sein sprichwörtliches Waterloo.

Während der holländischen Periode von 1815 bis 1830 sollte noch kurz weitergegraben werden, aber über Sluis in Seeländisch Flandern kamen die Arbeiten nicht hinaus.

Der Kanal ist wirtschaftlich nicht von Bedeutung. Es ist ein großer, lang gestreckter Fischweiher. Aber der touristische Aspekt darf nicht unterschätzt werden. Wer mit dem Boot von Brügge nach Damme entlang malerischer Ufer durch die flache Polderlandschaft fährt, wird diese Tour lange in seiner Erinnerung behalten.

Schellemolen (Name der Windmühle)

Bei der Ankunft in Damme sieht man auf dem linken Ufer des Kanals eine Windmühle. An diesem Ort stand immer schon eine Mühle, vermutlich schon seit dem 12. oder 13. Jahrhundert. Die heutige Schellemolen stammt erst aus dem Jahre 1867. Heutzutage handelt es sich auch um eine Haubenmühle und nicht - wie früher - um eine Stabmühle (bei letztgenanntem Typ ist nicht die Haube mit den Flügeln, sondern das gesamte Mühlenhaus drehbar).

Die Mühle wurde 1971 von der Provinz West-Flandern angekauft und restauriert. Nun steht sie unter Denkmalschutz.

Sankt-Kristoffel-Hof

Dieser prächtige Schlosshof, unweit der Schellemolen und gegenüber der Anlegestelle des Bootes, wurde um 1760 im Ludwig XV.-Stil wieder aufgebaut. Der Hof kann nicht besucht werden. Allein schon der Anblick von außen mit dem eleganten Eingangstor ist aber mehr als nur die Mühe wert.

Im Türmchen des spätgotischen Rathauses von Damme hängen die zwei ältesten Glocken von Flandern. Rechts vom Rathaus das große Herrenhaus „Der Große Stern".

Jacob van Maerlant war Stadtschreiber der Stadt Damme, aber auch Dichter und ... der erste, der in niederländischer Sprache schrieb.

Rathaus

Das Rathaus von Damme steht an jenem Ort, an dem bis ins Mittelalter die doppelt so großen Hallen standen. Im Jahre 1464 mussten diese dem neuen Rathaus weichen, das im Stile der Brabanter Gotik errichtet wurde.

Damals musste offenkundig strikt gespart werden, denn das Gebäude erhielt eine Doppelfunktion. Im Untergeschoss behielt es seine kommerzielle Funktion mit Hallen und Speichern, im Obergeschoss wurde das eigentliche Rathaus mit dem Dezernentensaal und dem Gericht untergebracht.

Im 19. Jahrhundert, der Zeit der historisierenden Romantik, wurde die Fassade mit sechs berühmten Figuren aus der Geschichte der Stadt verschönert. Die Figuren wurden vom Brügger Bildhauer Gustave Pickery geschaffen.

Man beachte auf der Ecke des Rathausgiebels die zwei so genannten Strafsteine von Damme. Allzu lebenslustige Frauen bekamen diese Steine um den Hals gehängt und „durften" damit einen Umweg durch die Straßen der Stadt antreten, während sie von ihren Mitbürgern beschimpft und verspottet wurden.

Standbild Jacob van Maerlant

Vor dem Rathaus auf dem Markt steht der Vater aller Niederländischen Dichter. Dieser Schreiber aus Damme, Jacob van Maerlant, war in der Tat der allererste Autor, der in niederländischer Sprache schrieb. Sein am meisten verlegtes Buch ist die „Rijmbijbel" (Reimebibel) mit 27.100 Versen. Sein Standbild ist wiederum ein Werk der Brügger Bildhauerfamilie Pickery, dieses Mal Henri Pickery.

Patrizierhaus „De Grote Sterre"

Das große Herrenhaus, rechts des Rathauses, ist eines der großartigsten Beispiele der Brügger Gotik, bei der die Fenster übereinander in einer Leiste zusammengefasst sind. Eigentlich handelt es sich hierbei um eine ultramoderne Rekonstruktion, denn das ursprüngliche Gebäude aus dem 15. Jahrhundert stürzte 1995 bei einem heftigen Sturm ein. Eine Angestellte des Fremdenverkehrsamtes, das nun auch wieder hier untergebracht wurde, kam dabei ums Leben. Tragisches Detail: Sie war am Telefon und fragte um Erlaubnis, ihren Arbeitsplatz verlassen zu dürfen, weil das Gebäude so schrecklich knarrte. Als das Gebäude einstürzte, sprach sie noch.

Sint-Jans-Hospital

Genau wie in Brügge, gab es in Damme seit dem frühen Mittelalter eine Herberge, die der Unterbringung von Reisenden und der Ver-

Ein kleines, sehr sehenswertes Museum befindet sich im Sint-Jans-Hospital ... mit alten Möbeln und Kunst aus den vorigen Jahrhunderten.

*Einlass **Sint-Jans-Hospital**: April bis September täglich von 14 bis 18 Uhr · Di. bis Do., Sa., So. und Feiertage zusätzlich von 11 - 12 Uhr geöffnet.*

pflegung von Kranken diente. Der Überlieferung nach wurde die Genehmigung zum Bau des Dammer Sint-Jans-Hospitals im Jahre 1249 von Margareta von Konstantinopel erteilt, der Gräfin von Flandern. Vielleicht erinnern Sie sich noch, dass sie vier Jahre zuvor in Brügge den Beginenhof gegründet hatte.

Das Sint-Jans-Hospital zu Damme nennt eine interessante Sammlung an Gemälden und alten Möbeln sein Eigen. Auch die Kapelle, die während der Geuzenzeit verwüstet, später aber wieder im Barockstil aufgebaut wurde, lohnt einen Besuch.

Liebfrauenkirche

Nirgendwo sind Blüte und Verfall von Damme so gut sichtbar wie an dieser Kirche. Mit dem Bau wurde um 1230 begonnen, als sich die Zukunft für die Stadt als gutgesinnt ankündigte. Es war damals die allererste Hallenkirche in Flandern (folglich eine Konstruktion mit einem Mittelschiff und Seitenschiffen von gleicher Höhe).

Die Liebfrauenkirche zu Damme war früher deutlich größer. Der Westturm steht gegenwärtig losgelöst vom Kirchengebäude. Das liegt daran, dass die alte Kirche teilweise abgebrochen wurde.

Die Mauern des Mittelschiffes blieben dabei als zusätzliche Stützen für den Turm stehen. Das Gebäude war seinerzeit viel zu groß für die dezimierte Bevölkerung geworden, die anfangs des 18. Jahrhunderts eine solche Kirche nicht mehr unterhalten konnte. Zu dieser Zeit verlor der Turm auch seine damals baufällig gewordene Spitze.

Im Prinzip nimmt die heutige Kirche nicht mehr an Grundfläche ein als der frühere Chor. Noch ein gesondertes Wort zum Turm, der ursprünglich über den Eingang der Kirche hinausragte. Die Spuren des früheren Eingangsportals sind noch heute sichtbar. Unter dem Turm wurde um 1300 Jacob van Maerlant begraben.

Der Name auf seinem Grabstein war im Laufe der Zeit ausgewaschen, und langsam begannen die Leute zu denken, dass es sich um das Grab von Till Eulenspiegel handelte.

Das Werk von Charles de Coster war ab der Mitte des 19. Jahrhunderts einfach weitaus populärer als das schwer zugängliche Werk von Jacob van Maerlant. Der Herr Pastor wollte eigentlich nicht, dass seine Kirche eine Art Wallfahrtsort für einen Schelmen wie Till Eulenspiegel werden sollte. Schließlich handel-

*Ein Besuch der Dammer **Liebfrauenkirche** ist kostenpflichtig, ebenso der Aufstieg zum Turm (45 Meter). Letzteres ist bei schönem Wetter ein echter Tipp, weil man von dort aus einen weiten Blick über das platte Polderland (Marschland) geboten bekommt. Achtung: Der Aufstieg über die Wendeltreppe ist ein wenig abenteuerlich.*
Öffnungszeiten: *Osterwochenende und Mai bis September 10.30 bis 12 und von 14.30 bis 17.30 Uhr.*

Information

*Die mächtige Liebfrauenkirche ist jetzt viel zu groß für die wenigen Be-
wohner. Sie erinnert noch an die frühere Zeit, als Damme der Vorhafen
von Brügge war und ihm eine wesentliche Bedeutung zukam.*

te es sich um einen volkstümlichen
Rebellen, der über alles und jeden
spottete und von der Kirche wenig
hielt.
Tills Grab wurde daraufhin prompt
entfernt. 1890 wurde dann für Jacob van Maerlant lediglich eine
Gedenkplatte angebracht, die vom
Bildhauer Henri Pickery angefertigt
wurde.

Till Eulenspiegel

Im Schatten der Kirche steht ein kleines Bild, das die legendäre Figur des Till Eulenspiegel darstellt. Es handelt sich hierbei um ein Werk von Koos van der Kaai.

Damme hat seinem berühmtesten Sohn sogar noch ein zweites Standbild gewidmet. Entlang des Damse Vaart steht seit 1979 eine Figurengruppe des Dammers Jef Claerhout. Ein in Bronze gegossener Till hält den Leuten einen Spiegel vor, während Eulen, Frösche und ein Esel auf die verschiedenen Geschichten über diese legendäre Figur verweisen.

Wer war Till Eulenspiegel? Im Deutschland des 15. Jahrhunderts tauchte er bei einem Autor aus dem Braunschweigischen, Herrmann Brote, auf. Vermutlich beruhte die Figur Till Eulenspiegels auf verschiedenen Blödeleien und Schelmenstreichen, die im allgemeinen Bewusstsein der Bevölkerung fest verankert waren. Till vereint zweifelsfrei verschiedene Schalken (Narren) in einer Person. Ein erster Druck erschien zwischen 1515 und 1520 bei Johannes Grieninger. Darin wird „Till Uelenspiegel" im sächsischen Knietlingen geboren. Der Humor dieses Buches ist von einem bedenklichen Gehalt: vulgär, platt, gemein und eigentlich nicht zum Lachen. Aber das muss natürlich in Einklang mit dem Zeitgeist von damals gestellt werden. Die bekannteste Version des Buches wurde im 19. Jahrhundert von Charles De Coster geschrieben, dem Sohn eines Flamen und einer Wallonin. Seine „Légende de Till Ulenspieghel" erschien im Jahr 1867. Er versetzte in diesem Buch die Figur in das Flandern des 16. Jahrhunderts. Till wurde in Damme geboren! Dieser Schurke stieg im Buch von Charles De Coster zu einem flämischen Freiheitshelden im Streit gegen die Spanier auf.

Die legendäre Figur „Till Eulenspiegel" wurde in Damme geboren, jedenfalls nach dem Roman des Autors Charles De Coster, der aus ihm einen flämischen Freiheitshelden des 16. Jh. machte. Die Skulptur stammt von Koos van der Kaai.

Feierlichkeiten in Brügge

Jedes Jahr im **April** blühen im Brügger **Beginenhof die Narzissen**. Atemberaubend schön!

Jedes Jahr am **Christi-Himmelfahrtstag** (meistens im Mai) findet in der Innenstadt die traditionelle **Heilig-Blut-Prozession** statt. Hierbei wird die Reliquie des Heiligen Blutes durch die Stadt getragen. Sie wird von ungefähr 1.500 Brüggern begleitet, die die Geschichte der Reliquie veranschaulichen. Ein farbenfrohes und eindrucksvolles Spektakel!

Etwa eine Stunde zieht die Heilig-Blut-Prozession über den Marktplatz.

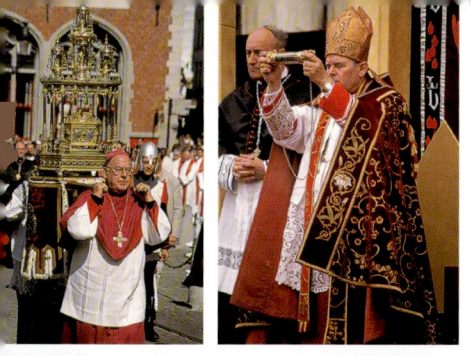

Heilig-Blut-Prozession

Alle fünf Jahre, im **August**, zieht der „**Festzug des Goldenen Baumes**" durch die Straßen.
Dieser Umzug erinnert an die burgundische Zeit und an die Hochzeit von Herzog Karl dem Kühnen mit Margareta von York. Der letzte Umzug fand 2002 statt, folglich ist der

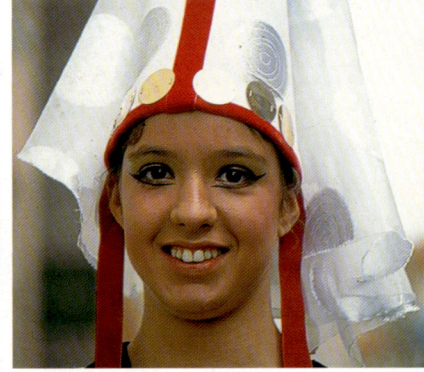

Festzug des Goldenen Baumes

DUMON®

ARTISANALE CHOCOLATIER

EIERMARKT 6
8000 BRUGGE
TEL. 050 34 62 82
FAX 050 610 111

OOSTENDESTRAAT 99
8820 TORHOUT
TEL. 050 22 16 22
FAX 050 222 333

WWW.CHOCOLATIERDUMON.BE

RECOMMENDED BY:
SUNDAY EXPRESS / TIME OUT (UK)
SUNDAY TIMES / DAILY TELEGRAPHE (UK)
HOME FROM HOME AT CHANEL 4 (UK)
CADOGAN (UK)
RICK STEVES TRAVEL GUIDE (USA)

RECOMMANDÉ PAR:
LE GUIDE DU ROUTARD (FRANCE)
LE PETIT FUTÉ (FRANCE)

RECOMENDACION:
TELVA MAGAZINE (ESPANA)
VIAJE MAGAZINE (BRAZIL)
PRESS MUNDO (PORTUGAL)

わがまま歩き
オランダ ベルギー (JAPAN)
ルクセンブルク

TROTTER.NED

DESCRITTA:
PARTIAMO (ITALIA)